알면 똑똑해지는 과학 속

비하인드 스토리

알면 똑똑해지는 과학 속

비하인드 스토리

EBS 오디오 콘텐츠팀 지음

차례

SCIENCE 1 인체의 미스터리

SCIENCE 2 너무나 인간적인 동식물의 세계

SCIENCE 3 실수와 오해가 부른 의학 이야기

SCIENCE 4 발명의 두 얼굴

SCIENCE 5 일상 속 과학 이야기

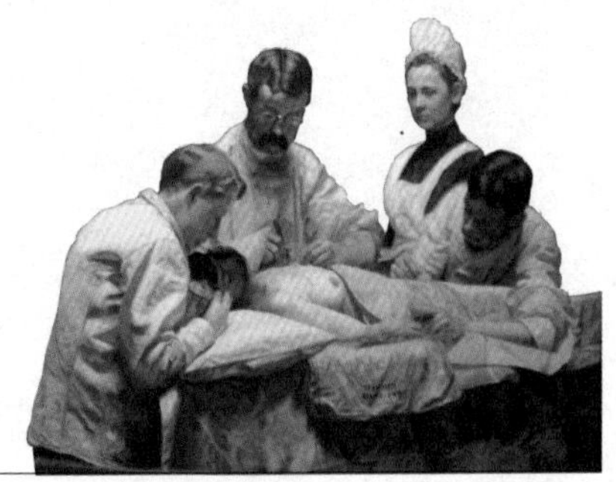

1
SCIENCE

인체의 미스터리

여자로 태어나 남자로 변하는 아이들

영화를 좋아하는 사람이라면 '워쇼스키 형제'라는 이름을 한 번쯤 들어본 적 있을 것이다. 두 살 터울의 형제인 이들은 세계적으로 흥행에 성공한 〈매트릭스〉 시리즈, 〈브이 포 벤데타〉 등의 영화를 연출한 것으로 유명하다. 그런데 영화의 흥행 외에도 이 두 사람을 더욱 유명하게 만든 일화가 있다. 바로 두 형제 모두 성전환 수술을 받아서 지금은 '워쇼스키 자매'로 불린다는 것이다. 이들처럼 태어난 육체와 정신적인 성이 달라 성전환을 하는 사람들을 '트랜스젠더'라고 한다.

하지만 자신의 의지로 성전환 수술을 하는 트랜스젠더와 달리 의지와 상관없이 몸이 변하는 사람들이 있다. 여자로 태어나 남자로 변하는 아이들, '게베도세즈(Guevedoces)'에 대하여 알아보자.

자신의 의사와 상관없이 성별이 변한다는 이야기는 소설이나 영화 속 허구가 아니다. 도미니카공화국의 샐리나스라는 마을에 사는 사람들이 실제 겪은 이야기다. 이 마을에서는 여자로 태어났던 아이가 사춘기가 되면 남자로 변하는 일이 종종 일어났다. 이런 아이들을 게베도세즈라고 부르는데, 이는 현지어로 '12세에 생긴 남성 생식기'라는 뜻이다.

사실 이 아이들은 태어날 때는 생식기가 모호하지만, 전체

도미니카공화국의 국기와 위치

외형이 여자처럼 보여 여자아이로 길러진다. 하지만 사춘기가 오는 12세쯤 음경과 고환이 자라 외부로 돌출되고 근육이 붙기 시작하면서 외관상으로는 완전한 남자로 변하게 된다. 이러한 게베도세즈는 전 세계적으로 사라지고 있지만, 유독 이 마을에서만 90명 중 1명꼴로 발생하고 있다.

마을 사람들은 이 아이들이 저주를 받았다고 생각했고, 이 때문에 아이들은 물론 그 가족들까지 핍박받기 일쑤였다. 이런 현상이 저주가 아니라 일종의 질병이라는 것은 1970년대에 들어서야 밝혀졌다. 미국 코넬대학교의 내분비학자 줄리엔 맥긴리 박사에 따르면, 이 질병은 아이들의 호르몬과 연관이 있었다.

원래 태아는 수정 직후에는 성별이 나타나지 않은 채 성장한다. 시간이 흘러 8주차에 접어들면 성 염색체에 따라 남성 혹은 여성 호르몬의 영향을 받기 시작하고, 생식기가 발달한다. 이때 남성의 경우 다이하이드로테스토스테론이라는 호르몬의 영향을 받는데, 이 호르몬은 5알파 환원 효소에 의해 합성된다. 즉, 태아의 생식기가 정상적으로 형성되려면 5알파 환원 효소가 충분히 분비되어야 한다. 그러나 게베도세즈인 아이들은 5알파 환원 효소가 부족하여 남성임에도 음경이 발달하지 않은 채 태어나는 것이다.

즉, 게베도세즈는 여성이었다가 남자로 바뀌는 것이 아니다. DNA상으로는 남성이 맞지만 선천성 질환으로 남성의 생식기가 다 발달하지 못한 채 태어난 것이다. 게다가 작은 마을인 샐리나스에서 주민들끼리 결혼하는 일이 잦다 보니 유독 이 마을에서 5알파 환원 효소 결핍증이 자주 발생한 것이다. 이는 유전적 결함이 세대를 이어온 것이라고 할 수 있다.

게베도세즈는 외관이 변하는 것 외에 추가로 공통된 특성이 있다. 탈모, 전립선 비대증 그리고 여드름이 없다는 것이다. 많은 남성을 괴롭히는 고민이 게베도세즈에게는 해당되지 않는다. 그래서 과학자들은 게베도세즈에게 부족한 다이하이드로테스토스테론 호르몬이 탈모나 전립선 비대증과 연관이 있을 것이라 추측했고, 일반 남성의 몸에서 이 호르몬을 줄여 문제를 해결할 수 있을 것이라 생각했다.

이에 착안하여 전립선 비대증을 치료하는 약을 만들고자 했지만, 결과물은 탈모 증상이 완화되는 약이었다. 현재까지도 탈모 치료제로 쓰이는 약 '프로페시아'는 이렇게 탄생했다. 또한 원래 목적대로 전립선 비대증 치료약 역시 만들어졌다. 누군가의 고통과 혼란이 또 다른 사람들에게는 희망을 준 모순적인 일이라고 볼 수 있다.

5알파 환원 효소 결핍증이 있으면 자라면서 성별이 바뀐 것

성별 논란이 있었던 육상 선수 캐스터 세메냐

처럼 보이기 때문에 종종 논란이 된다. 대표적 사례가 남아프리카공화국 출신 육상 선수 캐스터 세메냐(Caster Semenya)다. 2012년 런던 올림픽과 2016년 리우데자네이루 올림픽에서 여자 800미터 달리기 금메달을 획득한 세메냐는 낮은 목소리와 체격 때문에 성별 논란에 시달렸다. 검사 결과 세메냐는 잠복고환이 있고 남성 호르몬인 테스토스테론의 수치가 일반 여성의 3배 이상이었다. 논란이 계속되자 국제육상경기연맹은 여자 선수의 남성 호르몬 제한 규정을 만들었고, 육상 경기 출장이 제한된 세메냐는 축구 선수로 종목을 바꾸기도 했다. 수

년간 성별 논란의 중심에 있던 세메냐는 2019년에 5알파 환원효소 결핍증임이 밝혀졌다.

특정 호르몬이 충분히 분비되지 않는 유전적 질병으로 외관이 여성에서 남성으로 변하는 게베도세즈. 우리는 그들의 성을 어떻게 바라보아야 할까? 하지만 무엇보다 중요한 것은 그들에게 차별과 비난으로 더 큰 상처를 주는 일은 없어야 한다는 것이다.

참고 자료

『인류에게 필요한 11가지 약 이야기』(정승규 지음, 반니) / 「"7살에 생겼어요"…… 남자가 된 여자 아이들?」(SBS NEWS, 2015.09.24) / 「여자로 태어나, 남자가 되는 병」(《헬스컨슈머》, 2020.05.13) / 「"남성호르몬 낮춰라"…… '성별 논란' 세메냐, 세계선수권 출전 불투명」(《중앙일보》, 2019.07.31)

의학의 신 히포크라테스조차 풀지 못한 불치병

의대생이라면 의사가 되기 전 낭독하는 것이 '히포크라테스 선서'다. 이는 환자의 건강과 생명을 위해 나의 능력과 판단을 사용하겠다는, 의사로서 마음가짐을 담은 선서라 할 수 있다. 히포크라테스(Hippocrates, BC 460?~BC 377?)는 '의학의 아버지'라 불리며 오늘날까지 존경받고 있는 고대 그리스 페리클레스 시대의 의사다. 히포크라테스 선서는 그가 말한 의료의 윤리적 지침으로, 오늘날에는 이를 현대의 상황에 맞게 수정한 '제네바 선언'이 일반적으로 낭독되고 있다.

그런데 히포크라테스의 이름을 따온 단어가 하나 더 있다.

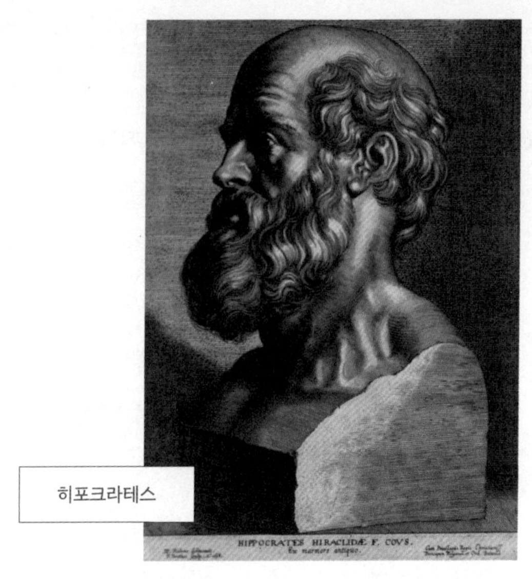

히포크라테스

'히포크라테스환'이다. 여기서 '환(環)'은 둥근 고리 모양을 뜻하는데, 히포크라테스와 환이 무슨 관계가 있길래 한 단어로 사용하는 것일까.

아직 의학이 발달하지 못했던 고대 그리스 시대에 아픈 사람들을 치료하는 것은 의학이 아닌 마술의 영역이었다. 하지만 히포크라테스는 미신이나 주문 같은 방법 대신, 환자를 관찰하고 영양을 공급해줌으로써 신체를 자연스럽게 회복시키려 했다. 그의 헌신적인 노력과 교육으로 의학이 점차 과학적이고 전문적인 분야로 인정받게 되었다. 히포크라테스의 업적을 기려 후세 사람들이 그를 '의학의 아버지'라고 부르게 된 것이다.

하지만 그런 그도 정복하지 못한 질병이 있었다. 자신도 이 질병에 걸려 반평생 치료 방법을 찾으려 노력했지만 찾을 수 없었다. 히포크라테스도 못 고쳤던 병은 바로 남성형 탈모다. 탈모에 대한 고민은 예나 지금이나 마찬가지였나 보다.

머리카락은 우리의 외모를 꾸미고 인상을 결정하는 데 아주 큰 역할을 한다. 우리는 주기적으로 미용실이나 이발소에서 머리카락을 정돈한다. 오늘날에는 머리카락을 단순히 단정하게 정리하는 데 그치지 않고 염색, 탈색, 펌 등의 시술로 헤어스타일을 더욱 돋보이게 만들기도 한다. 주변에서 흔히 볼 수 있는 많은 미용실은 현대사회에서 머리카락의 영향력을 간접적으로 나타낸다고 할 수 있다.

이렇듯 머리카락은 우리 삶에서 중요한 부분을 차지하며, 이를 앗아가는 탈모는 시대를 막론하고 언제나 골칫거리였다. 따라서 탈모의 원인 규명과 치료법 연구의 역사는 아주 오래되었다. 약 3000년 전에 쓰인 고대 이집트 파피루스 두루마리에는 악어 기름이나 하마 똥 등을 탈모 치료에 썼다는 기록이 남아 있다. 원인이 정확히 규명되진 않았지만, 대머리가 유독 많았던 이집트의 파라오들은 가발 없이는 대중 앞에 나타나지 않았다.

천하를 호령했던 로마 황제 가이우스 율리우스 카이사르(Gaius Julius Caesar, BC 100~BC 44). 우리에게는 영어식 발음인 '시저'라는 이름으로 더 잘 알려진 그도 탈모 때문에 고민이 많았다. 그는 사람들이 자신을 대머리라고 조롱한다고 생각해 원로원이나 대중 앞에 설 때는 늘 월계관을 썼다. 카이사르의 상징처럼 여겨지는 월계관이 대머리를 가리는 용도였던 것이다. 또한 고대 그리스의 찬란한 문화를 이끈 내로라하는 인물들인 소크라테스(Socrates, BC 469?~BC 399), 플라톤(Platon, BC 427~BC 347), 아리스토텔레스(Aristotle, BC 384~BC 322)도 남성형 탈모의 마수를 피할 수 없었다.

히포크라테스는 이 저주받은 불치병, 탈모를 정복

월계관을 쓰고 있는 율리우스 카이사르의 조각상

하기 위해 연구를 거듭했다. 그는 처음에는 아편과 장미, 아카시아즙을 섞은 탈모약을 처방했다. 그러나 처방이 효과를 거두지 못하자, 좀 더 독하고 공격적인 치료법을 쓰게 되었다. 커민(cumin, 중동 향신료), 비둘기 배설물, 서양고추냉이(horseradish), 쐐기풀(nettles), 아편 등을 두피에 바르거나 섭취함으로써 탈모를 치료하려 했으나 모두 허사였다. 지금으로서는 상상도 못 할 기상천외한 재료들로 약제를 만들었지만 탈모 치료에 전혀 도움이 되지 않았던 것이다.

그러던 중 히포크라테스는 엄청난 사실을 하나 발견했다. 바로 여성과 환관 들 중에는 대머리가 없다는 사실이었다. 그는 이 두 집단의 공통점으로 남성의 상징인 음낭이 없다는 점을 꼽았다. 이를 바탕으로 그는 탈모와 성(性)의 상관관계를 밝히려 노력했고, 사춘기 전에 거세하면 탈모가 진행되지 않는다는 주장도 했다.

수십 세기가 지난 1942년 미국 예일대학교의 해부학자 제임스 해밀턴(James Hamilton)은 남성 호르몬과 탈모의 연관성을 실제로 확인했다. 그는 탈모 과정이 전적으로 호르몬을 매개해 진행된다고 주장했다. 해밀턴은 남성이 모두 대머리인 집안에서 태어났어도 거세했다면 탈모가 진행되지 않는다는 것을 발견했다. 그뿐 아니라 그러한 남성에게 테스토스테론 보충제를 투여하면 다시 머리가 빠진다는 사실도 알아냈다. 즉, 남성 호르몬인 테스토스테론이 없으면 탈모 유전자가 발현되지 못한다는 뜻이다. 지금은 누구나 탈모가 남성 호르몬으로 발생한다고 알고 있지만, 히포크라테스는 뛰어난 관찰력으로 이 사실을 무려 2400년 전에 발견한 것이다.

탈모가 진행되어도 완전한 탈모는 드물고, 최소한 옆과 뒷머리쪽은 머리카락이 남는 경우가 많다. 히포크라테스의 머리모양이 그랬다. 히포크라테스조차 탈모를 정복하지 못했지만, 그의 탈모에 대한 연구업적을 기려 탈모가 진행되지 않는 옆머리부터 뒷머리를 그의 이름을 붙여 '히포크라테스환'이라 한다.

참고 자료

『헤어 꼿꼿하고 당당한 털의 역사』(커트 스텐 지음, MID) / 히포크라테스 선서, 시사상식사전 / 히포크라테스, 두산백과 / 『건강 불균형 바로잡기』(닐 바너드 지음, 브론스테인) / 「줄리어스 시저가 평생 월계관을 쓴 이유는 탈모?」(《중앙일보》, 2011.09.17) / 「히포크라테스환」(조준현 글, 《영남일보》, 2009.02.03) / 「의학의 아버지 '히포크라테스'도 넘지 못한 탈모」(박상훈 글, 《한국경제TV》, 2015.09.01)

다리를 떨면 왜 복이 나간다고 할까?

우리는 긴장하거나 초조할 때, 자기도 모르게 반복적인 행동을 한다. 손톱을 물어뜯거나, 손가락으로 책상을 두드리거나, 다리를 떠는 행동이 바로 그것이다. 그중 다리를 떠는 행위는 살면서 누구나 한 번쯤 해보았을 것이다. 어렸을 때 어른들 앞에서 무의식적으로 다리를 떨어본 사람이라면, 꾸지람을 들은 경험 또한 있으리라.

어른들 앞에서 다리를 떠는 것이 예의에 어긋나는 행동이라는 이유로 혼나기도 하고, 다리를 떨면 복을 달아나게 한다는 이유로 야단을 맞기도 한다. 그런데 왜 다리를 떨면 복이 나간다고 할까? 다리를 떠는 행동이 우리에게 악영향을 끼치는 것일까?

다리를 떨면 복이 나간다는 이야기의 유래는 다음과 같다. 옛날에 유명한 관상가가 어떤 가난한 사람의 집에서 묵게 되었다. 이 관상가가 집주인의 관상을 보니 가난한 현재 처지와는 다르게 부자가 될 수 있는 상이었다. 이를 의아하게 여긴 관상가가 밤중에 집주인을 유심히 관찰했다. 그런데 집주인이 발을 툭툭 차면서 잠을 자는 것이 아닌가. 관상가는 발을 툭툭 차는 행동이 가난하게 사는 원인임을 알아채고 그날 밤 쇠망치로 집주인의 다리를 꺾어놓고 도망쳤다. 아니나 다를까 다리가 망가진 이후 집주인은 모든 일이 순조롭게 풀려 부자가 되었던 것이다.

몇 년 후 관상가는 다시 그 집을 찾아가 묵기를 청했는데, 집주인은 다리를 잃은 대신 큰 부자가 되었기에 관상가를 매우 후하게 대접했다. 부자가 될 운명을 타고났지만 다리를 떠는 나쁜 버릇 때문에 가난하게 살았다는 이 설화가 지금까지 전해져 다리를 떨면 복이 나간다고 하는 것이다.

당연하게도 다리를 떨면 복이 떨어진다는 이야기는 설화에 불과할 뿐 과학적으로 근거가 있는 주장은 아니다. 현재 밝혀진 연구 결과에 따르면 다리를 떠는 행동이 우리에게 나쁜 것만은 아니다.

미국 미주리대학교 자우메 파딜라(Jaume Padilla) 교수 연구팀은 다리를 떠는 행위가 하반신의 혈류량과 관련이 있다는 가설을 세우고 연구를 했다. 실험 참가자들은 의자에 앉은 상태에서 분당 250회 정도 빠르기로 다리를 떨었고, 1분간 한쪽 다리를 떨고 4분간 휴식하는 행위를 반복하면서 혈류를 측정했다.

실험 결과는 아주 흥미로웠다. 실험 참가자들이 다리를 떨 때 혈류량이 실제로 증가한 것이다. 반대로 다리 떨기를 멈추면 하반신의 혈류량이 감소했다. 다리 떨기가 건강에 좋다는 것이 실제 연구로 입증된 셈이다.

연구진은 사실 다리를 떠는 것보다 걷기나 달리기가 다리의 혈류량을 늘리는 데 더 좋은 방법이라고 덧붙였다. 오랫동안 앉아서 일하는 사람은 잠시 시간을 내어 걷거나 달리는 것이 건강에 가장 좋다. 그러나 업무시간에 잠시 짬을 내어 가벼운 운동을 할 수 없다면, 그냥 가만히 앉아 있는 것보다는 다리를 떠는 것이 좋다는 얘기다.

우리는 앉아서 일하거나 공부할 때와 같이 무엇인가에 집중할 때 다리를 떤다. 또한 긴장하거나 초조한 상황에서 다리를 떠는 사람도 있다. 심리적으로 불안할 때 무의식적으로 다리를 떨게 되는 것은 뇌와 관련이 있다. 몸에 있는 작은 근육을 움직일 때 뇌의 움직임이 활발해지기 때문이다. 다리나 손에 있는 작은 근육을 움직이면 평형감각을 담당하는 전정기관과 전두엽까지 자극을 받는다. 뇌가 조금 더 활성화하는 것이다. 즉, 긴장된 상태에서 뇌의 활성화를 유도하기 위해 몸이 자동으로 작은 근육들을 움직이는 것이라 할 수 있다.

전두엽은 대뇌의 전방에 있는 부분으로 기억력, 사고력 등 고등행동을 관장하는 부위다. 뇌에서 가장 넓은 면적을 차지하는 부분은 대뇌이고, 대뇌 안에서도 가장 넓은 부분이 바로 전두엽이다. 전두엽은 뇌에 들어온 정보를 통합해서 종합적인 판단을 내리고 주의 통제, 집행기능만이 아니라 운동 반응의 선택, 개시, 억제에도 관여한다. 즉 뇌의 컨트롤센터라 볼 수 있다. 결국 다리 떨기가 전두엽을 자극해 뇌를 활성화할 수 있다는 것인데, 이는 우리가 알고 있던 상식과 대치된다. 다리를 떨면 집중력이 흐트러진다는 어른들의 말이 과학적으로는 틀린 것이다.

옛날부터 전해오는 이야기와는 다르게 다리를 떠는 행동은 우리에게 해롭지 않다. 다리를 떠는 행위는 건강에 도움이 되고, 뇌 발달에도 도움이 된다. 다리를 떨면 복이 나간다는 말도 과학적으로 근거가 없는 얘기일 뿐이다. 그러나 그렇다고 해서 다른 사람과 함께 있거나 격식이 필요한 자리에서 다리를 떨지는 말자. 예의에 어긋날 수 있다.

예부터 어른들이 다리를 떨지 말라고 한 데에는 복이 떨어진다는 미신 같은 이유보다는 상대방을 배려하라는 뜻이 담긴 것일 테니까.

참고 자료

다리 떨면 복 떨어진다의 유래, 한국민속대백과사전 / 「"복 나간다 다리 떨지마" 정말 떨면 안 되나」(《머니투데이》, 2020.01.26) / 「'다리 떨기' 당신 건강에 도움이 될 수도 있다」(《중앙일보》, 2016.09.01) / 「초조할 때 나도 모르게 다리를 떠는 이유」(《브레인미디어》, 2012.06.01) / 「'집중력'을 높이려면 '다리'를 떨어라」(한동하 글, 《헬스경향》, 2018.02.21) / 전두엽, 두산백과

인간의 흰자위가 넓은 이유

강아지를 키워본 사람이라면 강아지 눈이 사람과 다르게 흰자위가 적다는 사실을 알 것이다. 그래서 평소에는 강아지의 짙은 눈동자만 주로 보이고, 강아지가 간혹 곁눈질을 할 때 흰자위가 약간씩 보이게 된다. 강아지뿐 아니라 인간과 유전적으로 더 가까운 침팬지, 오랑우탄 등의 유인원을 포함한 다른 동물들도 마찬가지로 흰자위는 거의 보이지 않는다. 사람과 동물 눈의 큰 차이점 중 하나인 흰자위(공막)에 대해 알아보자.

사람의 눈은 특별하지 않다. 사람보다 시력이 월등히 뛰어나거나 뒤쪽까지 볼 정도로 시야각이 넓은 동물을 어렵지 않게 찾아볼 수 있다. 그러나 다른 관점에서 본다면 사람의 눈은 특별하다. 사람의 흰자위는 얼굴 피부색이나 홍채의 색과 크게 대조를 이루는데다 면적도 넓어 눈에 확 띈다. 이렇게 흰자위가 넓고 눈동자의 윤곽과 위치가 명확하게 드러나는 것은 인간 고유의 특성이라 할 수 있다.

그렇다면 왜 그러한 차이가 날까? 동물 눈에 흰자위가 없는 건 사냥에 불필요하기 때문이다. 만약 동물의 눈이 인간의 눈처럼 생겼다면 지금처럼 은밀한 사냥은 하기 어려웠을 것이다. 눈 전체가 같은 색이어서 자신이 어디를 노리는지 사냥물에게 정확한 정보를 숨길 수 있었던 것이다.

반면 흰자위가 넓은 인간은 눈을 통해 상대가 어느 곳을 응시하는지, 어떠한 감정인지 쉽게 알 수 있다. 그렇다면 인간의

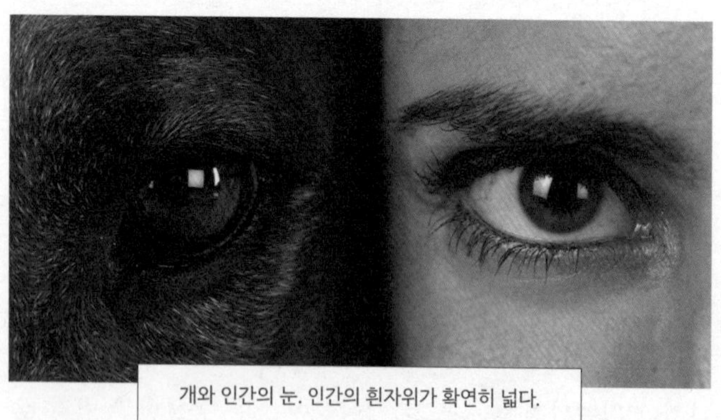

개와 인간의 눈. 인간의 흰자위가 확연히 넓다.

눈이 지금과 같이 흰자위가 넓어진 이유는 사냥할 필요가 없어졌기 때문일까? 아이러니하게도 인간의 흰자위 역시 사냥을 위해 넓어졌다. 인간은 여러 명이 협력하여 사냥했는데, 사냥하면서 음성 언어로 소통한다면 사냥감이 도망가거나 역으로 공격받을 위험이 있었다. 따라서 언어를 대신해 조용히 소통할 수단의 하나로 눈을 발달시킨 것이다.

인간의 흰자위가 넓어진 이유를 설명하는 또 다른 가설도 있다. 미국 펜실베니아대학교 팻 시프먼(Pat Shipman) 교수는 인간과 개가 협력하여 사냥하면서 눈자위가 흰 눈으로 진화해왔다는 가설을 제시했다. 인간이 개를 길들이고, 개가 인간의 시선과 의도를 파악하게 되면서 사냥의 효율이 좋아졌으며, 생존율 또한 높아졌다는 것이다. 인간에게 흰자위가 생긴 이후에 개를 더 잘 길들이게 되었고, 그 덕분에 지금까지 인류가 살아남게 되었다는 주장이다. 개를 키우지 않은 네안데르탈인과 개를 키운 호모 사피엔스의 차이가 바로 여기에 있었던 것이다.

우리는 흰자위 덕분에 타인의 시선을 쉽게 읽을 수 있다. 상대방이 무엇을 응시하는지를 알면 상대의 생각과 의도를 이해하는 데 큰 도움이 된다. 또한 인간은 다른 동물들보다 폭과 깊이 면에서 한 차원 높게 협력하며 생존해왔는데, 인간의 흰자위가 상호 협력을 촉진하는 형질이라고 할 수 있다. 연구자들은 이것을 '협력적 눈 가설'이라 한다. 독일의 막스플랑크 진화인류학연구소 연구팀은 영장류 동물과 1세 유아를 대상으로 한 실험으로 이 같은 가설을 증명하려 했다.

연구팀은 실험 대상과 실험자들을 마주 보게 한 후 실험자들이 머리와 눈을 여러 방향으로 돌렸을 때 취하는 행동을 관찰했다. 피험자가 유인원인 경우, 고개 방향이 가장 중요한 요인이었다. 그들의 시선은 실험자의 고개 방향을 따라 움직였는데, 실험자의 눈이 감겨 있어도 마찬가지였다. 즉, 유인원의 시선은 실험자의 고개 방향에 가장 큰 영향을 받은 것이다.

반면 인간 아기의 경우에는 다른 결과가 나왔다. 인간 아기도 유인원과 마찬가지로 실험자의 고개 방향에 영향을 받았으나, 그보다 더 중요한 것은 눈동자 위치였다. 즉, 인간 아기는 고개의 움직임보다는 눈동자의 움직임을 보고 시선을 움직였다. 우리는 따로 배우지 않아도 무의식중에 눈으로 소통해온 것이다.

인간이 눈으로 의미 있는 소통을 한다는 가설은 자폐 연구에서도 알 수 있다. 자폐증은 신체적·사회적·언어적 상호작용에서 이해 능력의 저하를 일으키는 신경발달의 장애를 말한다. 자폐증이 있는 사람은 정상인에 비해 타인의 눈에 잘 집중

인간과 유전적으로 가까운 침팬지도 흰자위가 잘 드러나지 않는다.

하지 못하고, 타인이 자신과 눈을 맞추는지를 잘 감지하지 못한다. 결과적으로 다른 사람의 눈에서 사회적 정보를 읽어내고 소통하는 데 큰 어려움을 겪는 것이다.

'눈은 마음의 창'이라는 말이 있다. 우리는 눈을 통해 세상을 보고, 눈을 통해 상대의 마음도 읽는다. 우리에게 눈은 개인과 개인을 연결하는 일종의 소통 창구인 셈이다.

참고 자료

『울트라 소셜』(장대익 지음, 휴머니스트) / 「왜 인간 눈에만 흰자위가 있나」(《사이언스타임즈》, 2017.11.04) / 「'흰자' 많은 사람 눈이 생존율 높였다?」(《아시아경제》, 2020.02.04)

사람을 뱀파이어로 만드는 병, 포르피린증

창백한 안색, 날카로운 송곳니, 흡혈 등의 단어에서 쉽게 떠올릴 수 있는 존재가 있다. 바로 동유럽에서 전해져 오는 뱀파이어다. 우리나라에서 한참 떨어진 유럽 쪽 전승이지만 각종 소설, 영화, 게임 등의 매체에 수도 없이 등장한 탓에 우리에게도 매우 친숙한 존재다. 그런데 미디어 속이 아닌 현실에서도 뱀파이어처럼 다른 사람의 피를 마셔야 살 수 있는 사람들이 있다. 사람을 뱀파이어로 만드는 병 '포르피린증' 이야기다.

포르피린증은 포르피리아(porphyria)라고도 불리는 유전병으로, 혈액 속에 있는 헤모글로빈이 철분과 결합하도록 돕는 단백질 포르피린이 제 기능을 하지 못해 발생하는 병이다. 헤모글로빈의 철분은 세포에 산소를 전하고 이산화탄소를 없애주는 일을 한다. 그런 헤모글로빈에 철분이 없으면 세포에 산소를 제대로 전달할 수 없어 문제가 생긴다. 이 병에 걸린 환자들은 다른 사람의 피를 수혈해야만 살 수 있다. 그러나 의학이 충분히 발달하지 못한 과거에는 제대로 된 수혈 시스템이 없었기에 환자가 직접 피를 섭취해야 했다.

포르피린증은 근친혼이 많았던 옛날 유럽에 퍼진 병이다. 이 병에 걸린 사람은 만성적인 빈혈로 얼굴이 창백하고, 잇몸이 줄어들어 이가 길어 보이기도 한다. 또한 햇볕을 쬐면 피부에 화상을 입어 물집이 생기고, 간 기능에 이상이 발생하여 복통, 구토, 메스꺼움 등의 증상이 나타난다. 그 외에도 대소변에 피가 섞여 나오거나 우울증, 불안, 환각, 경련 등의 증상이 동반되기도 한다.

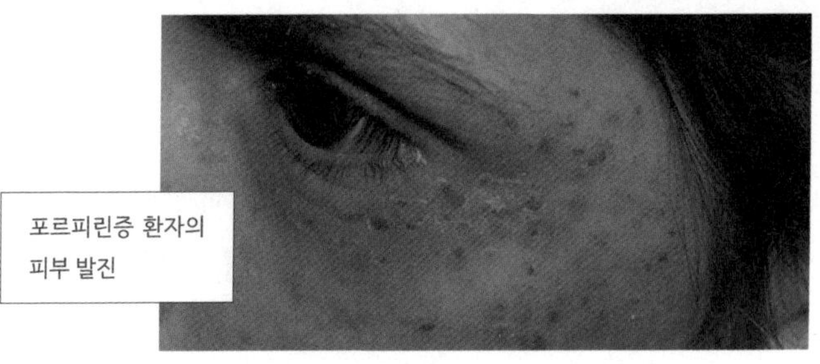

포르피린증 환자의 피부 발진

이러한 증상만으로도 뱀파이어나 드라큘라가 떠오르는데, 여기에 또 다른 공통점이 있다. 이 병이 주로 백인에게서 나타나는 점, 마늘이 포르피린증 환자들에게 치명적이라 섭취해서는 안 된다는 점, 광과민성(光過敏性, Photosensitivity)으로 인한 수포 때문에 주로 밤에 다녀야 한다는 점, 발작이나 광기 등의 증상이 나타날 수 있다는 점 등이 있다. 종합해보면 뱀파이어의 기원이 포르피린증 환자라고 단정지을 수는 없지만, 어느 정도 연관성이 있음을 유추해볼 수 있다.

특이한 점은 이 병이 유독 영국 왕실과 관련이 깊다는 것이다. 영국 여왕 엘리자베스 2세의 사촌으로 1972년 비행기 사고로 사망한 글로스터 공자 윌리엄(Prince William of Gloucester, 1941~1972)이 대표적인 포르피린증 환자였다. 또 미치광이 왕으로 유명했던 영국의 조지 3세(George William Frederick, 재위 1760~1820)도 이 병을 앓았다고 주장하는 사람들이 있다.

조지 3세는 18세기 영국 제국을 '해가 지지 않는 나라'로 만드는 데 일조한 왕이다. 하지만 동시에 상당 기간 광기를 부린 왕으로도 묘사되는데, 조지 3세는 재위 중 다섯 차례나 정신 착란 증세를 보였다. 또 그의 병상기록을 보면 다리를 절거나 복부 통증, 피가 섞인 오줌, 일시적 정신 착란 등의 증상이 있었다는 기록이 남아 있다. 의학자들은 그런 증상을 근거로 그

포르피린증을 앓았다고 추측되는 조지 3세

가 포르피린증을 앓은 것으로 추측했다. 사람의 피를 먹는 병에 걸렸다는 사실은 호사가들에게는 좋은 소재였을 것이다.

수세기 동안 포르피린증은 불치병이었다. 정상인의 피를 수혈하면 증세가 호전되지만 완치는 되지 않았는데, 2008년 치료제가 개발되어 사정이 조금 나아졌다. 그러나 안타깝게도 여전히 치료하기가 어렵고, 치료를 할 수 없는 경우도 더러 있다. 햇빛의 피해를 막는 방법도 '가능한 한 안 쬐는 것' 말고는 없다.

포르피린증 환자들의 증상이나 외형적 모습은 많은 사람에게 뱀파이어를 연상시키기에 충분하다. 포르피린증에 대한 정보가 알려지지 않았던 과거에는 수많은 포르피린증 환자가 뱀파이어로 오해받으며 고통스러운 삶을 살아갔을 것이다.

참고 자료

「뱀파이어가 희귀병 환자였다?」(《파이낸셜뉴스》, 2009.12.18) / 「흡혈귀 질병 "포르피린"과 조지왕의 광기」(《사이언스타임즈》, 2007.05.29) / 「뱀파이어와의 서늘한 인터뷰」(변태섭 글, 《KISTI의 과학향기 칼럼》, 2009.08.07) / 포르피린증, 두산백과 / 포르피린증, 생화학백과

최초의 충돌 테스트 더미는 사람이었다

현대인에게 자동차는 무엇보다 중요한 도구다. 그러나 빠르고 편리한 운송 수단인 자동차는 많이 쓰이는 만큼 그에 비례한 교통사고를 유발한다. 그러므로 자동차는 자체의 성능만큼이나 유사시 탑승자를 보호하는 안전성이 필수 요소라고 할 수 있다.

자동차 제작사는 차체의 안전성을 테스트하기 위해 충돌 실험을 실시하는데, 이때 사용되는 것이 세상에서 가장 비싼 인형이라 불리는 더미(Dummy)다. 자기 한 몸 희생해 사람의 생명을 지켜주는 인형 더미에 대해 알아보자.

자동차 충돌 테스트

1886년 독일의 고트리프 다임러(Gottlieb Wilhelm Daimler, 1834~1900)가 최초의 가솔린 자동차를 발명한 이후, 1899년 런던에서 자동차 충돌로 탑승자 전원이 사망하는 최초의 교통사고가 발생했다. 이 사고를 계기로 자동차의 안전성이 중요하게 부각되었고, 안전성을 확인하는 방법으로 충돌 테스트를 실시했다.

당시에는 오늘날 충돌 테스트에 쓰이는 인형인 '더미'가 없었다. 그래서 자동차 회사들이 처음 택한 실험체는 해부용 시체였다. '카데바(Cadaver)'라고 불리는 사람의 시체를 운전석에 태워 속도별, 상황별 피해 정도를 분석한 것이다.

충돌 실험용으로 쓰인 카데바에는 여러 조건이 있었다. 피부에 상처가 없어야 하고 백인 남성이어야 했다. 자동차 사고가 몸에 어떤 영향을 주는지 알려면 피부가 깨끗해야만 했기 때문이다. 따라서 주로 나이가 많은 백인 남성의 시신이 많이 사용되었는데, 까다로운 조건을 만족하는 카데바는 많지 않았다. 게다가 인간의 시신을 사용하는 것이 비윤리적이라는 비난이 거세지자 카데바를 이용한 실험은 중지되었다.

두 번째로 선택한 실험 대상은 살아 있는 동물이었다. 살아 있는 생명을 충돌시킬 차에 태우는 것은 상당히 비난받을 일이지만, 당시에는 사람을 위한 일이라는 이유로 허용되었다. 사람과 체구가 가장 비슷한 침팬지부터 덩치가 큰 곰, 돼지 등을 충돌 테스트에 이용했다. 그중 돼지는 저렴하고 구하기도 쉬웠으며, 장기가 사람과 흡사해 충돌할 때 운전자가 받는 상해를 연구하는 데 큰 도움이 되었다. 그러나 살아 있는 동물로 진행되던 안전성 테스트도 윤리적 문제로 거센 비난을 받게 되자 중지되었다.

미 공군은 1947년부터 항공 생리학에 대한 연구를 본격적으로 하면서 전투기 비상탈출 실험을 한창 진행했다. 특히 제트 전투기 안에서 인간이 견딜 수 있는 중력의 한계를 측정하는 실험을 실시했는데, 이때 더미 역할을 한 게 바로 사람이었다. 공군은 더미에 자원할 사람을 모집했고, 자원자 중 74명을 선발하여 테스트를 실시했다. 실험 자체는 순조롭게 진행되었지만, 그 과정에서 갈비뼈가 부러지거나 일시적으로 시력을 잃는 사람도 나왔다.

이런저런 사건 사고가 일어나자 공군의 과학자들은 실제 조종사를 본뜬 석고 캐스트로 최초의 더미라 불리는 '시에라 샘(Sierra Sam)'을 만들어냈다. 시에라 샘은 겉모습만이 아니라 무게도 사람과 비슷하게 제작되었다. 이로써 더 다양하고 강도 높은 실험들이 가능해졌다.

이후 1950년부터 자동차 업계에서도 시에라 샘을 본뜬 자

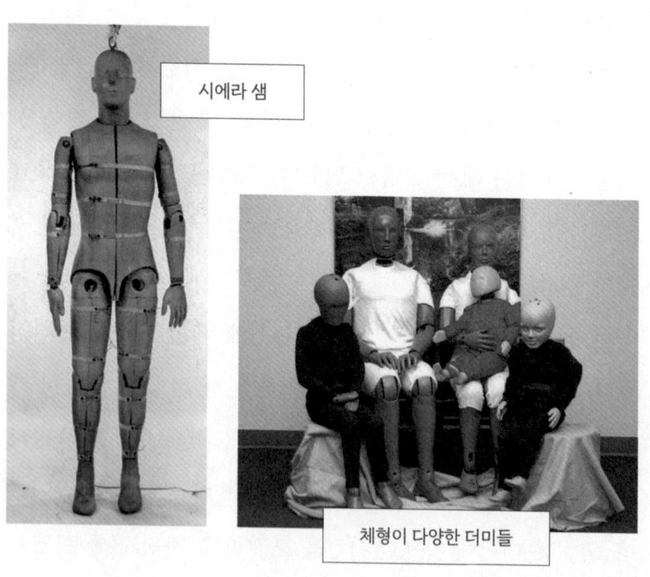

시에라 샘

체형이 다양한 더미들

동차 충돌 테스트용 더미가 사용되었다. 1971년은 인체 모형 역사에서 새로운 장을 연 해였다. 이 해에 미국의 자동차 제조 회사인 제너럴 모터스(General Motors Corporation)가 미국 성인 남성과 신장과 몸무게가 비슷한 더미, 하이브리드 I을 제작했다. 키 178센티미터, 몸무게 78킬로그램인 더미는 미국 성인 남성 평균 체격과 유사하게 만들어졌으며, 현재 사용되는 더미와 비슷한 모습이었다.

이렇게 탄생한 더미는 시간이 흐르며 점점 발전하여 다양한 기능이 추가되었다. 100여 개 센서가 부착돼 출혈량, 신경계 손상 여부, 뇌의 상태 등 세밀한 측정이 가능해졌고, 인조 피부를 사용하여 피부에 생기는 상처까지도 알 수 있었다.

오늘날 사용되는 더미들은 크기와 모양도 더 다양해졌는데, 성인 더미의 경우 임산부나 고도비만 등 체형별로 20여 가지 종류가 있다. 또한 6, 12, 18개월의 아기 더미와 3세와 6세의 어린이용 더미도 만들어져 다양한 실험에 사용되고 있다.

그렇다면 이렇게 기능이 다양한 더미의 가격은 얼마일까? 더미의 가격은 최소 1,000만 원 정도이고, 측면 충돌 테스트용 모델의 경우 10억 원에 달한다. '세상에서 가장 비싼 인형'이라는 별명이 거짓이 아닌 셈이다.

생명은 없지만 사람을 살리는 데 큰 역할을 하는 더미. 현재의 자동차가 수십 년 전 자동차보다 안전성이 월등할 수 있었던 데는 수많은 더미의 희생이 있었다.

참고 자료

「현대·기아차가 보유한 162개 더미 대해부」(《HMG Journal》, 현대자동차·기아, 2019.10.02) / 「사람의 안전을 위해 희생하는 '더미'」(김준래 글, 《사이언스타임즈》, 2014.12.24) / 「인간을 살리려 태어난 수억 원짜리 인형…… '더미'의 진화」(《조선비즈》, 2016.02.24) / 「세상에서 가장 비싼 인형…… 인간을 위해 희생하다」(《매일경제신문》, 2017.07.03)

화날 때는 짠맛, 기쁠 때는 신맛이 나는 이것은?

우리는 슬플 때, 기쁠 때, 화날 때 등 감정 변화에 따라 눈물을 흘린다. 고통을 견디기 힘들 때, 눈에 이물질이 들어갔을 때, 하품이나 구토를 할 때에도 눈물이 난다. 그런데 이러한 눈물이 모두 조금씩 다르다는 사실을 아는 사람은 많지 않다. 우리가 느끼는 감정에 따라 달라지는 눈물의 종류와 그 맛을 알아보자.

사람은 누구나 눈물을 흘린다. 그 원인이 무엇이든 하염없이 눈물을 흘리며 펑펑 울어본 기억이 한 번쯤은 있을 것이다. 그런데 그렇게 많은 양의 눈물을 쏟아낼 때, 볼을 타고 흘러내

눈물은 왜 짤까?

린 눈물이 입으로 흘러 들어가는 경우가 있다. 그때 우리는 눈물의 맛이 짜다는 사실을 알게 된다. 그렇다면 눈물은 어떤 성분이 들어 있길래 짠맛이 날까? 사람의 눈물은 98%가 수분이고 단백질, 식염, 탄산나트륨, 인산염, 지방 등이 소량 함유되어 있다. 여기서 식염은 염화나트륨이라고도 하는데, 이 나트륨 때문에 눈물이 짜게 느껴지는 것이다. 그런데 그 맛이 눈물을 흘리는 이유에 따라 미묘하게 달라진다.

눈물은 크게 '기본적 눈물', '반사적 눈물', '정서적 눈물' 세 가지로 나눌 수 있다. '기본적 눈물'이란 자신도 모르게 항상 분비되는 눈물이다. 일정 간격마다 계속 배출되면서 눈을 촉

촉하게 유지해준다. 우리가 평소에 인식하기 어려울 정도로 소량만 분비되므로, 우리는 기본적 눈물을 흘린다는 사실을 인식하지 못한 채 생활한다.

두 번째, '반사적 눈물'은 외부 요인으로 자극을 받을 때 생겨나는 눈물이다. 이때 우리 몸은 언제 또다시 겪게 될지 모를 자극에서 눈을 보호하기 위해 순간적으로 눈물을 많이 분비하게 된다. 생활 속에서 우리는 자주 '반사적 눈물'을 흘린다. 파나 양파를 다듬을 때, 혹은 눈에 이물질이 들어갔을 때 흐르는 눈물이 '반사적 눈물'이다.

우리가 종종 사용하는 관용 어구 중 '악어의 눈물'이라는 말

악어 눈물의 비하인드 스토리는?

이 있다. 거짓 눈물 또는 위선적인 행위를 일컫는 표현인데, 실제로 악어가 먹이를 먹을 때 눈물을 흘리는 데서 유래했다. 악어는 눈물샘의 신경과 입을 움직이는 신경이 같아서 턱을 움직일 때 눈물샘이 자극되어 반사적으로 눈물을 흘린다. 먹잇감을 물어뜯는 순간 흐르는 악어의 눈물은 자신에게 목숨을 빼앗긴 존재를 동정해서가 아니라 턱에 강한 힘을 주면서 나오는 반사적 눈물일 뿐이다.

마지막으로 '정서적 눈물'은 우리 감정에 따라 생겨나는 눈물이다. 기쁨, 슬픔, 분노나 감동 등의 감정을 표현할 때 흘린다. 이 눈물은 어떤 감정 상태인지에 따라서 그 맛이 달라지게 된다.

먼저 슬플 때나 기쁠 때 흘리는 눈물은 산성 성분이 많아져서 살짝 신맛이 느껴진다. 반면 화가 극도에 달한 분노 상태에서 흐르는 눈물은 다른 눈물에 비해 더 짠데, 눈물을 만드는 눈물샘에 그 이유가 있다. 화가 나면 교감신경이 흥분하게 되어 눈을 크게 뜨고 깜박임이 줄어들면서 수분이 많이 증발한다. 그러면서 눈물의 농도가 진해지는데, 결과적으로 수분은 적고 염류는 많은 눈물이 나오는 것이다. 그래서 화가 날 때 흐르는 눈물은 유독 짜다.

울음을 표현하는 의성어 중 '훌쩍훌쩍'이라는 단어가 있다.

눈물을 펑펑 쏟아내다 보면 같이 흘러내리는 콧물 때문에 훌쩍거리는 소리가 나게 된다. 어린아이들이 울 때 콧물이 같이 흘러내리는 모습이나, 울다가 휴지로 코를 푸는 모습은 우리에게 아주 익숙하다.

그렇다면 눈물을 흘릴 때 콧물이 같이 흐르는 이유는 무엇일까? 눈물의 일차적 기능은 눈을 씻어내는 것이다. 그러므로 눈물은 계속 순환되야 한다. 눈물은 눈을 둘러싼 여러 개의 눈물샘에서 만들어져 공급되고, 눈을 고루 적신 뒤 코 쪽에 있는 코눈물관을 거쳐 코로 빠져나간다. 그 후 이들이 빠져나간 자리를 새로 만들어진 눈물이 채우며 순환하게 된다. 눈물을 흘리며 울면 콧물까지 나오는 이유가 여기에 있다. 눈물의 마지막 종착지는 콧속이므로 우리가 눈물을 많이 흘리면 코로 빠

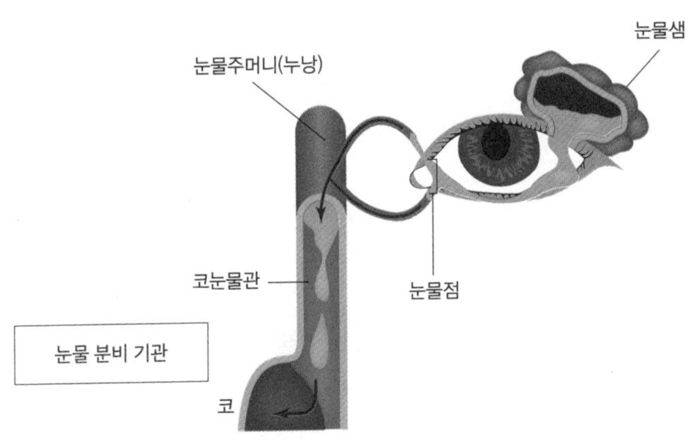

눈물 분비 기관

져나가는 눈물의 양 또한 늘어난다.

적당한 장소에서 적절한 타이밍에 상황에 맞게 흘리는 눈물은 천하의 주인도 바꾸는 위력을 지니지만, 아무 데서나 아무 때나 흘러넘치는 눈물은 울보나 사회적으로 성숙하지 못한 어린애의 상징이 되기도 한다. 그렇기에 성인에게 눈물은 정말로 꼭 필요할 때만 그것도 절제해서 보여야 하는 '최후의 물약'이 아닐까.

참고 자료

「눈물 흘리면 콧물까지 흘리는 이유」(《한겨레》, 2015.07.10) / 「눈물에도 종류가 있다? 몰랐던 '눈물'의 신비한 역할」(《헬스조선》, 2020.07.28) / 눈물, 생명과학대사전 / 눈물샘, 두산백과 / 악어의 눈물, 두산백과

세계에서 가장 위험한 혈액형

어렸을 때 친구들과 혈액형으로 성격을 판별해본 경험이 있을 것이다. A형은 소심하고, B형은 정열적이고, AB형은 섬세하다는 식으로 말이다. 혈액형으로 성격을 구분하는 '혈액형 성격설'은 주로 한국과 일본에서 유행한 근거 없는 낭설이다.

혈액형으로 성격을 알아보지는 못하지만, 자신의 혈액형이 무엇인지 아는 것은 매우 중요하다. 우리 몸에 어떤 이유로든 피가 부족해지면 수혈을 받아야 하는데, 같은 혈액형끼리 수혈하는 것이 안전하기 때문이다. 그런데 모든 혈액에 수혈할 수 있는 '황금의 피'가 있다. 누구에게나 수혈할 수 있지만 누구보다도 위험한 혈액형, '알에이치 널(Rh null)'에 대하여 알아보자.

혈액형을 구분하는 방법은 여러 가지가 있다. 가장 유명한 것은 ABO식 구분법인데, 오스트리아의 병리학자 카를 란트슈타이너(Karl Landsteiner, 1868~1943)가 발견했다. 란트슈타이너는 1900년에 서로 다른 사람들에게서 채취한 혈액을 혼합하던 중 작은 덩어리가 생기는 것을 발견했다. 이 현상을 집중적으로 연구한 그는 이듬해 혈액이 응집되는 성질을 이용해서 혈액형을 셋으로 구분할 수 있다고 발표했다. 그리고 1902년 알프레드 폰 데카스텔로와 아드리아노 스털리가 하나의 혈

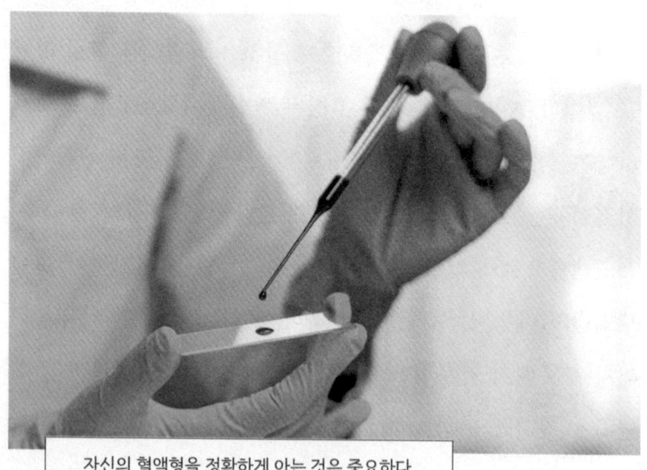

자신의 혈액형을 정확하게 아는 것은 중요하다.

카를 란트슈타이너

액형을 더 발견함으로써 오늘날의 ABO식 구분법이 완성되었다.

혈액형 발견의 토대를 닦은 란트슈타이너는 1927년에 MN식 혈액형, 1940년에 Rh식 혈액형을 추가로 발견했다. 혈액형을 구분하는 방법 중 ABO식 구분법 다음으로 잘 알려진 것이 Rh식 혈액형이다. Rh식 혈액형은 크게 Rh^+와 Rh^-로 나뉘는데, 이 둘에 속하지 않는 매우 희귀한 혈액형인 Rh null형도 존재했다. 앞에서 지구상에 존재하는 황금의 피라고 한 것이 이

Rh null형이다. 이 혈액형은 2010년 기준 전 세계에서 공식적으로 확인된 인원이 43명밖에 되지 않을 정도로 희귀하다.

보통 인간의 적혈구 표면에는 항원이 최대 342종 존재한다. 이때 적혈구 표면에 어떤 항원이 존재하는지에 따라 여러 종류의 Rh 혈액형이 결정된다. 여러 항원 중 D라는 항원이 붙어 있으면 Rh^+형, D 항원이 없으면 Rh^-형이다. 그리고 Rh null형은 Rh를 결정짓는 항원이 전혀 없는 상태를 뜻한다. 그래서 아무것도 없다는 뜻의 'null'이라는 단어가 붙은 것이다.

그렇다면 항원이 없는 것과 수혈은 어떤 연관이 있을까? Rh^-형인 사람은 피가 부족해질 경우 Rh^-형 피를 수혈해야 하고, Rh^+형인 사람에게서는 수혈을 받지 못한다. D 항원이 없는 Rh^-형인 사람에게 Rh^+형 피가 들어온다면, 수혈로 들어온 D 항원과 체내에 있는 D 항원에 대한 항체가 응집반응을 일으켜 위험해지기 때문이다. 같은 논리로 Rh null형 혈액은 모든 사람이 가진 항원만 보유하므로 누구에게라도 수혈해 줄 수 있는 것이다. 항원이 없는 것이 황금의 피로 불리게 된 이유다.

세포 표면에 Rh 항원이 전혀 없는 적혈구는 세포막이 매우 약해서 구조가 이상해지거나 쉽게 파괴되어 용혈성 빈혈을 일으키기 쉽다. 그래서 혈액형이 Rh null형인 사람은 대부분 빈혈로 먼저 진단받은 뒤, 정밀 검사에서 자신이 희귀 혈액형이라는 사실을 알게 된다. 또한 이들은 쉽게 피로해지거나 숨이 차고 황달 증세를 보이기도 한다.

혈액형이 Rh null형인 사람은 똑같은 Rh null형의 혈액만 수혈할 수 있기 때문에 사고라도 난다면 수혈을 하지 못해 목숨이 위태로워질 수 있다. 그래서 Rh null형인 사람은 과격한 운동이나 여행을 하지 못하는 경우가 많으며, 일부는 주기적으로 자신의 피를 뽑아 저장해두기도 한다. 만일의 사태를 대비하는 것이다. 모든 혈액형에 수혈이 가능한 황금의 피라고는 하지만, 이러한 이유로 Rh null형 혈액을 다른 혈액형인 사람에게 수혈하는 경우는 거의 없다.

Rh null형 혈액형은 DNA 염기서열의 아주 작은 변이로 생겨나며 유전되지는 않는다. Rh 항원을 결정하는 유전자 서열 중 두 가지 돌연변이로 전혀 다른 아미노산이 생성되고, 그 결과 Rh와 관련된 항원 단백질이 전혀 만들어지지 않는다. DNA의 작은 변이가 세상에서 가장 희귀한 혈액형을 만들어냈다고 할 수 있다.

항원이 없어 모든 혈액형의 환자에게 수혈할 수 있는 황금의 피 Rh null. 그러나 현실은 해마다 자신의 피를 저장해놓아야만 하는 위태로운 존재이기도 하다. 황금의 피인지, 세상에서 가장 위험한 피인지는 그 주체가 어떻게 하느냐에 따라 달라질 것이다.

참고 자료

「전 세계 단 43명…… '황금의 피'를 아시나요?」(《나우뉴스》, 2014.12.01) / 「전 세계 76억 명 중 단 '43명'만 보유한 희귀 혈액형이 발견됐다」(《인사이트》, 2018.06.17) / 「혈액형」(예병일 글, 《인체기행》, 2010.06.14) / 카를 란트슈타이너, 두산백과 / 혈액형, 두산백과

11일 동안 잠을 자지 않은 소년

“잠이 보약이다”라는 말이 있다. 잠을 잘 자는 것이 건강을 유지하는 데 필수적임을 뜻하는 말이다. 우리는 매일매일 하루 3분의 1가량을 잠으로 보낸다. 그러나 반드시 해야 할 일이 있으면 우리는 종종 자지 않고 밤을 새운다. 시험 직전 벼락치기 공부를 하려고 밤을 새워본 경험이 한 번쯤 있을 것이다. 그렇게 밤을 새운 다음 날은 머리가 멍하거나, 몸이 피로해서 힘들었던 기억 또한 있을 것이다. 하루만 잠을 자지 않아도 힘든데, 11일 동안 잠을 자지 않은 사람이 있다. 기네스북에 오른 랜디 가드너(Randy Gardner)라는 소년의 이야기다.

건강을 유지하려면 적절한 수면이 필수적이다.

1964년 17세의 고등학생이었던 그는 “잠을 자지 않고 얼마나 오래 버틸 수 있을까?”라는 학교의 과학실습 프로젝트에서 잠을 자지 않고 버티는 실험에 도전했다. 이때 가드너는 264.4시간, 다시 말해 11일 동안 한숨도 자지 않았다. 당시 실험 기록을 보면 가드너가 깨어 있은 지 이틀이 지나자 눈 초점이 흔들리기 시작했고, 3일째 되는 날 거리의 간판을 사람으로 착각하게 되었다. 4일째 되는 날에는 자기가 프로 풋볼 선수라고 착각했고, 6일째 되는 날에는 근육을 마음대로 제어할 수 없거나 단기 기억 상실 증세를 보였다. 일주일이 지나자 말도 제대로 하지 못했다. 그는 비정상적인 몸 상태로 11일 1분을 버텨 기네스에 오른 것이다.

가드너는 실험이 끝난 즉시 13시간 30분 동안 숙면을 취했는데, 실험 기간에 보였던 이상 증상에도 불구하고 다행히 별다른 후유증 없이 회복했다. 그러나 기네스 협회는 잠을 오랫동안 자지 않으면 건강을 심각하게 해칠 위험이 있다는 이유로 해당 부분의 기네스 수상을 폐지했다.

오랫동안 잠을 자지 않으면 건강에 치명적이라는 사실은 실험으로 증명된 바 있다. 1983년 앨런 렉트셰이펀(Allan Rechtschaffen)과 동료들이 발표한 '물 위의 원반' 실험이 바로 그것이다. 이 실험에서 그들은 물이 채워진 양동이에 회전하는 원반을 올려서 실험 장치를 구성했다. 원반 위에 올라간 쥐

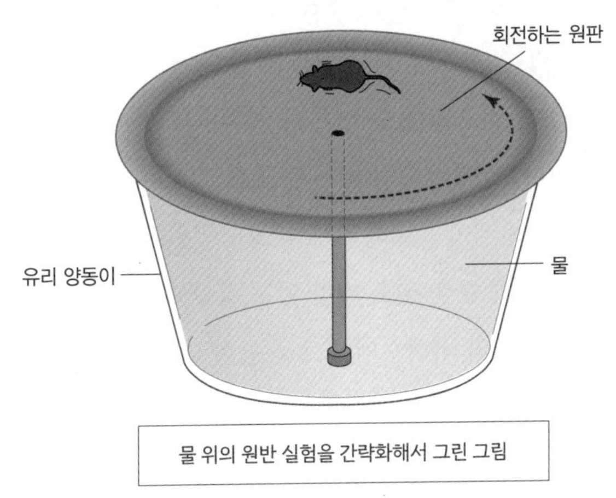

물 위의 원반 실험을 간략화해서 그린 그림

는 물에 빠지지 않기 위해 어쩔 수 없이 움직이며 각성 상태를 유지하는 것이다. 쥐들에게 물과 음식이 제공되었으므로 수면을 제외한다면 생존에 필요한 다른 요소는 충분한 상태였지만, 이 실험에 동원된 쥐들은 모두 2주 안에 죽었다. 이는 음식물을 주지 않았을 때보다 훨씬 짧은 생존 기간이었다. 실험 기간에 쥐들은 평상시와 동일한 수준 혹은 그 이상의 음식물을 섭취하는데도 계속 수척해지다가 끝내 사망했다. 반면, 실험 중반 쥐가 잘 수 있도록 내버려두면 쥐는 수면을 취한 뒤 건강을 회복했다. 불면이 죽음을 불러일으킬 만큼 위험하다는 사실을 이 실험으로 확인한 것이다.

잠을 자지 않는 행동이 이렇게 위험하다면, 수면이 우리에게 미치는 영향은 어떨까? 잠은 일종의 뇌 세척 기능을 한다고 볼 수 있다. 우리가 깨어 있는 동안 뇌세포는 유독성 단백질을 만든다. 이 노폐물들이 돌아다니며 뇌의 기능을 손상시키는 것이다. 이때 우리 뇌에서는 노폐물을 처리해 독성을 씻어내는 뇌척수액이 분비되는데, 뇌척수액은 우리가 수면 상태일 때 왕성하게 분출된다. 깨어 있는 동안에는 뇌세포가 활발하게 활동 중이라 뇌척수액이 흐를 틈이 없고, 잠든 후에야 뇌척수액이 뇌세포 사이로 흘러 뇌를 깨끗하게 닦아줄 수 있는 것이다.

현대인은 공부로, 야근으로, 혹은 낮에 즐기지 못한 취미 생활을 하느라 쉽게 잠을 거르곤 한다. 그러나 적절한 수면은 우리 건강에 필수적 요소임을 잊지 말자. “잠이 보약이다”라는 말이 미신이나 의학적으로 설득력이 없는 말은 아니라는 것이다.

참고 자료

「11일 동안 잠들지 않은 소년」(《사이언스타임즈》, 2013.10.25) / 「사람이 자지 않고 버틸 수 있는 시간은?」(《아시아경제》, 2020.02.04) / 『지금 만나는 과학』(다비드 루아프르 지음, 클)

자기 자신조차 속이는 기묘한 거짓말이 있다

스마트폰의 보급으로 소셜 네트워크 서비스(SNS)는 급격하게 우리의 일상으로 들어왔고, 이제는 떼려야 뗄 수 없는 관계가 되었다. 그러나 익명성을 바탕으로 한 온라인 세상은 쉽게 타인을 사칭하거나 자신을 거짓으로 꾸며낼 수 있는 환경이다. 그렇기에 SNS에서 자신의 삶을 과장하거나 거짓을 이야기하는 사람들을 흔히 볼 수 있다.

그러한 거짓말은 때때로 새로운 거짓말을 불러오고, 그 과정이 반복되면 자기 자신조차 속이기도 한다. 말 한마디에 내가 아닌 다른 사람이 되어버리는 기묘한 거짓말, 자기 자신조차 속이는 거짓말은 무엇일까?

말 한마디에 내가 아닌 다른 사람이 된다고 하면 사람들은 해리포터에 나오는 변신 주문을 떠올릴 것이다. 하지만 마법의 주문이 아니어도 우리는 거짓말을 해서 다른 사람이 될 수 있다. 거짓말을 이용해 작게는 스스로를 꾸미고, 크게는 아예 다른 사람인 척한다. 그러다 간혹 어떤 사람은 스스로의 거짓말에 사로잡혀 자기 자신까지 속이게 되는데, 그러한 증상을 가리키는 용어가 리플리 증후군이다.

리플리 증후군은 자신의 현실을 부정하면서 마음속으로 꿈꾸는 허구의 세계를 진실이라 믿고 거짓된 말과 행동을 반복하는 반사회적 성격장애를 뜻한다. '리플리병' 또는 '리플리 효과'라고 하며 자신의 욕구를 스스로의 능력으로 충족할 수 없어 열등감과 피해의식에 시달리기도 한다. 그러다가 상습적이고 반복적인 거짓말을 일삼으면서 이를 진실로 믿고 행동하는 증세가 나타난다.

리플리 증후군은 미국의 작가 패트리샤 하이스미스(Patricia Highsmith, 1921~1995)가 1955년에 출간한 소설 『재능 있는 리플리 씨(The Talented Mr. Ripley)』에서 유래했다. 소설의 주인공 톰 리플리는 어린 시절 부모를 여의고 불우한 삶을 살고 있는 청년이다. 그는 호텔 종업원으로 일하던 중에 그린라프라는 부자를 만나게 된다. 그린라프는 자기 아들 디키가 미국으로 돌아오지 않고 이탈리아에 남아 있는 것을 걱정스러워하고 있었다. 리플리는 거짓말로 그린라프에게 자신을 디키의 절친이라고 소개한다. 그러자 그린라프는 리플리가 자기 아들의 친구라 믿고, 그에게 아들을 미국으로 데려오면 큰돈을 주겠다고 약속한다.

리플리는 디키를 데려오기 위해 이탈리아로 떠난다. 거기서 디키를 만나 그의 환심을 사서 친구가 된다. 그러나 리플리는 디키를 그의 아버지에게 데려가는 대신 그 재산을 가로채기 위해 그를 죽이고 자신이 가짜 디키가 된다. 그렇게 리플리는 거짓말과 범죄를 일삼으며 디키의 삶을 살아간다는 섬뜩한 내용의 소설이다.

병적 거짓말은 크게 세 가지로 나눌 수 있다. 순간의 위기에서 벗어나기 위해 거짓말을 하면서 자기만족을 얻는 충동적 거짓말, 거짓말을 숨기려고 다시 거짓말을 하는 습관적 거짓말 그리고 공상허언증이다. 이 공상허언증이 바로 리플리 증후군 증세와 비슷하다. 공상허언증 환자는 자신이 꾸며낸 거짓말을 진짜로 인식해버리는 증상을 보인다. 1891년 안톤 델브뤼크(Anton Delbrueck)라는 의사가 처음으로 개념화했는데, 거짓말과 '망상' 중간 정도의 정신병리학적 증후군으로 분류

된다.

이 증상의 특징 중 하나는 거짓말에 대한 죄책감이 없다는 것이다. 거짓말을 하면 호흡, 심장 박동수, 혈압 등에서 변화가 생기기 마련인데, 공상허언증은 자신이 왜곡한 사실을 진실이라 믿기 때문에 이런 생리적 변화가 동반되지 않는다. 말 그대로 눈 하나 깜빡하지 않고 자연스럽게 거짓말을 하는 것이다.

공상허언증의 사례는 우리 주변에서도 신문기사나 뉴스에서 종종 볼 수 있다. 2007년 학력 위조 사실이 드러났음에도 한사코 이를 부인한 신정아가 대표적 경우다. 그는 예일대학교 박사학위가 없음이 드러났는데도 증명하겠다며 미국을 오갔고, 캔자스대학교를 나오지 않았는데도 확인 중이라고 둘러댔다. 이를 두고 국내 정신과 전문의들은 공상허언증일 가능성이 있다고 분석했다.

또 다른 유명한 사건으로는 2014년 SBS의 시사 프로그램 〈그것이 알고 싶다〉로 전파를 타며 알려진 한 남성의 사례가 있다. 그는 2008년부터 6년간 48개 대학교를 전전하며 신입생 행세를 했는데, 그 과정에서 실제 학생의 신분을 도용하는 범죄까지 저질렀다. 그가 그렇게 한 이유는 학창 시절 왕따였기 때문이다. 그는 신입생이라고 하면 누구나 관심을 가져주었기 때문에 관심과 사랑을 받고 싶어 그런 일을 저질렀다고 털어놓았다.

해외에서 발생한 유명한 사건도 있다. 1922년 애나 앤더슨(Anna Anderson)이라는 여성은 자신이 1918년 러시아 혁명 당시 처형된 마지막 공주 '아나스타샤'라고 주장했다. 실제로 그녀의 외모가 공주와 매우 비슷했고, 러시아 황실 사정을 잘 알았기 때문에 그녀가 진짜 아나스타샤 공주라고 믿는 사람들이 많았다. 앤더슨은 유럽 왕가의 역사에 관심이 많았던 잭 매너헌이라는 부자와 결혼까지 하고, 심지어 러시아 황실이 남긴 유산을 돌려달라고 소송을 걸기도 했다. 그러나 앤더슨이 죽고 23년이 지난 2007년, DNA 검사로 그녀가 러시아 공주가 아니라는 사실이 밝혀지면서 그녀의 주장은 거짓말임이 드러났다.

공상허언증은 남들에게 관심받고 싶은 욕구가 너무 커서 발생하는 증상이다. 몇 번의 자극적인 거짓말로 욕구를 충족하게 되면, 점점 더 정교하고 대담한 거짓말로 사람들의 관심을 받으려고 무던히 애를 쓰게 된다. 그렇게 소설 같은 정교한 허구의 세계를 만들어가는 것이다.

나 자신조차 스스로의 거짓말에 갇혀 허구의 세상을 살게 되는 리플리 증후군. 이것은 힘든 현실에서 도피하거나 관심에 목매는 사람들이 많아지는 이 시대를 향한 경고일지도 모른다.

참고 자료

리플리 증후군, 두산백과 / 『너 이런 심리법칙 알아?』(이동귀 지음, 21세기북스) / 「신정아는 공상허언증」(《중앙일보》, 2007.09.13) / 〈48인의 도플갱어?!-'신입생 엑스맨'은 누구인가〉(SBS 그것이 알고 싶다 935회)

SCIENCE

2

너무나 인간적인 동식물의 세계

제 몸에 불을 질러 종족 보존을 하는 식물

전쟁을 빼고는 인류의 역사를 설명할 수 없다. 인간의 탄생부터 지금까지, 인간은 자신의 생존에 필요한 자원들을 지키고 나아가 더 많은 자원을 확보하기 위해 끊임없이 투쟁해왔다. 그렇기에 일부 역사학자들은 인류의 역사 자체가 전쟁의 역사라고 주장하기도 한다.

이는 동물도 마찬가지다. 동물도 자신의 생존에 유리한 환경이나 영역을 차지하고 지키기 위해 끊임없이 영역 다툼을 한다. 그 바탕에는 생존과 종족 보존의 본능이 있다. 인간이나 동물이나 이 세상에서 살아남고, 나아가 자손을 남기기 위해 싸워온 것이다. 그렇다면 식물은 어떠할까? 식물에도 이러한 번식에 대한 본능과 영역 다툼이 존재할까?

식물의 종족 보존이나 영역 다툼에 대한 고찰보다 먼저 식물이 서로 소통이 가능할지 의문이 생긴다. 생존에 유리한 환경을 두고 경쟁하거나 번식하기 위해 어떠한 행동을 하려면 사고력과 소통이 필요하기 때문이다. 식물은 어떻게 소통할까? 우리가 가장 쉽게 목격할 수 있는 식물의 언어는 향과 색이다. 길을 가다 꽃가게를 지나치거나 꽃이 만발한 공원을 거닐다 보면 달콤한 꽃향기를 맡을 수 있다. 향은 수술의 화분을 암술머리에 옮겨 붙게 하려고 곤충을 불러들이는 꽃의 신호다. 꽃의 화려한 색 역시 비슷한 역할을 한다.

조금 더 정교하고 내밀한 식물의 언어도 존재한다. 1970년대 학자들은 아프리카 사바나에 사는 가젤이나 기린의 독특한 이상 행동을 발견했다. 몇 분 동안 한 아카시아나무의 잎을 뜯어 먹더니, 시간이 지나자 50에서 100미터 정도 자리를 옮겨 다른 나무의 잎을 먹기 시작한 것이다.

학자들은 이러한 행동의 원인을 밝히기 위해 연구를 했다. 동물들이 한 나무의 잎을 다 먹지도 않았는데 다른 나무로 옮겨간 이유는 에틸렌 가스 때문이었다. 동물에게 잎을 뜯긴 아카시아나무는 위험을 감지하고 잎에서 에틸렌 가스를 내뿜어

쓴맛을 유발한 것이다. 심지어 주위의 다른 아카시아나무에도 경고를 보내 신호를 받은 나무가 잎이 뜯긴 나무와 같은 에틸렌 가스를 방출하도록 했다. 그러니 초식동물들이 한자리에서 잎을 충분히 먹지 못하고 멀리 이동하는 것이다. 학자들은 이를 근거로 나무에도 화학물질을 이용한 소통 수단이 있다고 주장했다.

종족을 번식하려고 치밀한 전략을 세우는 식물들도 있다. 쉬오크(Casuarina sp.)와 뱅크스소나무(Pinus banksiana)가 그런 식물이다. 이들은 자신들이 뿌리내린 터전에서 불이 나기만을 기다린다. 이 식물들은 200도 이상의 고온에서만 솔방울을 열어 씨앗을 퍼뜨리기 때문이다. 불이 났을 때 온도가 높아져 상승기류가 생긴다는 것을 깨달은 이 식물들은 자신들의 씨앗에 날개를 달고, 불로 만들어진 상승기류에 날개 달린 씨앗을 날려 보낸다.

이 식물들이 불이 난 이후 씨앗을 퍼뜨리는 또 다른 이유는 경쟁자들 때문이다. 경쟁자들이 불에 타 죽으면 새로운 새싹은 경쟁자들이 차지했던 햇빛을 빼앗아 올 수 있다. 그뿐 아니라, 불타 죽은 경쟁자들은 거름이 되어 새싹의 생장을 돕는다. 경쟁자들이 죽었을 때가 씨앗을 퍼뜨려 싹을 틔울 적기임을 알기에 그들은 불을 기다리는 것이다.

뱅크스소나무의 닫혀 있는 솔방울

쉬오크와 뱅크스소나무가 종족을 번식하려고 불을 이용한다면, 스스로를 불태워 자살을 택하는 꽃도 있다. 북아프리카 카나리아제도와 지중해 연안에 서식하는 여러해살이식물인 '시스투스(Cistus)'가 그 주인공이다. 시스투스는 흰색, 자주색, 분홍색 등 여러 색의 꽃잎으로 아름다운 자태를 뽐낸다. 얼핏 가냘프게만 보일 수 있는 시스투스는 간혹 자신의 영역을 지키기 위해 스스로를 태워버리는 극단적인 행동을 한다.

시스투스는 자신이 서식하는 주변에 다른 식물들이 자라나 밀도가 높아지면 그 상황을 견디지 못하는 성질이 있다. 그래서 주위가 빽빽해지고 외부 온도가 32도 이상 올라가는 여름 무렵이면 내부에서 오일을 만들어 뿜어낸다. 이 오일은 35도의 낮은 온도에서도 쉽게 불이 붙는 강력한 휘발성 오일이다.

이 오일에 불이 붙어 시스투스의 몸이 불타기 시작하면 주변에 있던 다른 식물들도 화재로 모두 잿더미가 되고 만다. 고온 건조한 중동이나 아프리카 등지에서는 가끔 자연 발화로 불이 나는데, 시스투스가 그 원인으로 지목되기도 한다.

시스투스가 자신만이 여유로운 공간에서 생존하고자 할 때 왜 자살을 선택할까? 그 이유는 바로 씨앗에 있다. 시스투스는 자신의 몸에 불을 붙이기 전에 불에 타지 않고 잘 견디는 내화성 씨앗들을 몸속에 숨긴다. 시스투스는 알칼리 토양에

시스투스속에 속하는 시스투스 몬스펠리엔시스

강한 식물이라서 시간이 지나면 경쟁자들이 모두 불타 없어진 잿더미 속에서 다시 싹을 틔운다. 자신의 영역을 지키기 위해 스스로를 불태우고, 결국 재가 되어 후손이 생육하기 좋은 환경을 만들어주는 것이다. 후손의 번영을 위해 자신을 희생한 것이라고 볼 수 있다.

전설 속의 새 불사조는 스스로를 불태워 그 재 속에서 새로이 태어난다고 한다. 자신이 불탄 재 속에서 다음 세대의 싹을 틔우는 시스투스는 식물계의 불사조다. 다만 불사조 피닉스는 전설의 새이지만, 시스투스는 실제 존재하는 식물이라는 점이 다르다.

참고 자료

『나무 다시 보기를 권함』(페터 볼레벤 지음, 더숲) / 「소통하고 고통까지 느끼는, 나무의 내밀한 세계」(《한국일보》, 2019.12.06) / 「스스로 타오르다…… '시스투스'의 이기심」(《아시아경제》, 2020.02.04) / 「녹색동물 1부 번식」(EBS 다큐프라임, 2016.01.18) / 『녹색동물』(손승우 지음, 위즈덤하우스)

최대 14시간! 사랑을 너무 많이 해서 죽는 동물이 있다?

사랑 이야기는 동서고금을 막론하고 언제나 우리의 눈길을 사로잡는 주제다. 고대부터 현대까지 사랑을 주제로 하는 수많은 문학작품이 탄생하고 끊임없이 사랑을 받아왔다. '사랑'이라는 소재가 이렇게 우리의 흥미를 이끌어낼 수 있는 이유는 그것이 우리 삶과 떼려야 뗄 수 없기 때문일 것이다. 인간만이 아니라 동물과 식물까지도 자손을 남기고 후세를 이어가려면 서로 다른 두 성별의 만남과 사랑이 필요하다.

그런데 사랑에 너무 심취해 목숨까지 잃는 동물이 있다. 동물들이 마치 로미오와 줄리엣처럼 이루어질 수 없는 비극적인 사랑을 하기라도 하는 것일까? 사랑에 목숨을 바치는 작은 포유류 엔테치누스(Antechinus)에 대해 알아보자.

2015년 오스트레일리아의 과학자들은 새로운 작은 동물 종을 발견했다. 오스트레일리아와 같은 개발된 국가에서 새로운 포유류를 발견하는 건 꽤 드문 일이라 세계의 주목을 끌었다. 그런데 이 동물이 주목받은 이유는 따로 있었다. 바로 목숨까지 바쳐가며 사랑을 한다는 점이다. 로맨틱한 사랑 이야기가 아니다. 광적인 교미가 죽음을 부른다는 뜻이다.

광적인 사랑의 주인공은 오스트레일리아와 뉴기니에서 서식하는 쥐를 닮은 작은 유대목 포유류 엔테치누스다. 작은 곤

노란발엔테치누스

아길엔테치누스

충을 먹고사는 엔테치누스는 해마다 8월이 되면 약 2~3주 정도 번식 기간을 갖는다. 이 기간에 번식 가능한 개체라면 모두 짝짓기에 나서는데, 수컷은 최대한 많은 암컷과 짝짓기를 하려고 한다. 그리하여 수컷은 짝을 찾지 못할까 봐 심각한 스트레스에 시달리기도 하고, 짝짓기하는 과정에서 너무 무리해 번식 기간이 끝나면 죽는 경우가 허다하다.

도대체 얼마나 광적으로 짝짓기를 하기에 죽음에까지 이를까? 퀸즐랜드공과대학 연구진은 엔테치누스의 수컷이 '광란에 가까운 마치 자살과도 같은 성생활'을 한다고 발표했다. 수컷 엔테치누스는 한 번에 최대 14시간 내내 짝짓기를 하는데, 가능한 한 많은 암컷과 폭력적인 관계를 정신없이 가진다. 포유 동물학자 앤드류 베이커(Andrew Baker) 박사의 말에 따르면, 그들은 과도한 성행위로 체내출혈, 궤양, 털 빠짐 등의 증세를 보임에도 짝짓기를 멈추지 않는다. 심지어 시력을 잃기도 하는데, 눈이 안 보이는 데도 비틀거리며 짝짓기를 시도한다.

수컷 엔테치누스가 번식 기간에 이러한 건강 이상 증세를 보이는 이유는 수컷의 몸에서 나오는 테스토스테론 때문이다. 테스토스테론은 스트레스 호르몬 분비를 중단시키는 작용을 방해한다. 따라서 짝짓기 중 왕성하게 분비된 테스토스테론은 스트레스 호르몬의 증가를 가져와 결과적으로 수컷의 면역 체계가 망가지게 된다. 몸이 망가진 상태에서도 짝짓기를 멈추지 않기 때문에 암컷이 새끼를 낳기도 전에 수컷들이 전부 죽어버리는 것이다.

동물들이 새끼를 낳으면 암컷과 수컷 둘 중 한쪽이 새끼를 돌보고 나머지 한쪽이 먹이를 구해오는 등 역할을 나눠 새끼를 키우는 경우가 많다. 반면 엔테치누스는 수컷들이 모두 죽어버리기 때문에 어미 혼자 새끼들의 미래를 책임져야 한다.

하지만 장점 또한 있는데, 해마다 수컷들이 떼로 자살하기 때문에 엔테치누스의 전체 개체수가 반으로 줄어들어 그만큼 먹이 경쟁도 덜 치열해진다. 결과적으로 어미들은 더 쉽게 먹이를 구할 수 있어 새끼들과 함께 영양을 충분히 섭취하는 것이다. 그러나 어미 엔테치누스도 무리한 출산 때문에 오래 살지 못한다. 전체 출산 암컷 중 15퍼센트 정도만이 살아남아 두 번째 번식 기간을 맞는다. 1년 정도밖에 살지 못하는 수컷과 비교한다면 평균적으로 조금 더 오래 살기는 하지만, 암수 모두 짧은 생을 살아가는 것이다.

오늘날 무분별한 개발과 환경오염은 기후변화와 야생동물들의 서식지 유실을 불러왔고, 많은 동물이 개체수가 줄어들거나 멸종 위기에 빠지게 되었다. 엔테치누스도 마찬가지 상황이다. 게다가 엔테치누스는 자체적으로 해마다 거의 모든 수컷이 떼죽음을 당하기 때문에 더욱 위험할 수 있다. 앤드류 베이커 박사에 따르면, 이들의 한정된 서식지는 거의 다 주정부에서 소유한 숲에 있는데, 이들 숲은 벌목 작업이 진행 중인 곳이 많다고 한다. 그는 엔테치누스의 천연 서식지를 보존하고, 그들이 멸종되지 않도록 관심을 가져야 한다고 주장했다.

광적인 교미로 죽음을 맞는 엔테치누스가 우리 눈에는 어리석게 보일 수 있다. 그러나 짧은 생을 살아가는 그들에게는 종족을 보존하고 후대가 더 잘 살아남게 하려는 최선의 몸부림일 수 있다.

참고 자료

「광적인 교미, 죽음으로 이어져…… 사람도?」(《파이낸셜뉴스》, 2015.06.05) / 「지나친 성행위로 '자살'하는 이 동물」(《코리아헤럴드》, 2016.10.20) / 「섹스에 미친 신종 주머니쥐 '엔테치누스'가 위험에 처했다」(《허프포스트코리아》, 2015.06.04)

동물도 자살을 한다

몇몇 유명인이 스스로 목숨을 끊는 일들이 이어지며 우리 사회에 큰 충격을 주었다. 화려한 스포트라이트를 받으며 많은 사람의 사랑과 부러움의 대상이던 그들이 자기 의지로 생을 마감한 것이다. 우울증, 악성 루머, 악플 등이 자살의 원인으로 꼽힌다. 자살은 현대사회의 큰 문제 중 하나다. 2019년 통계청이 발표한 사망원인 통계를 보면, 자살이 현대인의 사망에서 큰 비중을 차지한다는 것을 알 수 있다.

실제로 자살은 10대부터 30대까지 사망원인 1순위이고, 40대와 50대에서는 2위다. 우리나라의 자살 사망자는 인구 10만

명당 26.9명으로, OECD 국가 평균인 11.3명에 비해 압도적으로 높은 수치다.

과거 신학자들은 자살이 신의 법에 위반된다는 주장의 근거로 자연에는 자살행위가 없다는 점을 내세웠다. 그 영향으로 인간만이 자살을 한다는 인식이 생겼는데 과연 그럴까? 인간이 스스로 생을 마감하는 까닭은 아이러니하게도 인간이 대뇌가 잘 발달된 고등동물이기 때문이다. 대뇌 피질은 대뇌 표면을 구성하는 회백질로 이루어진 부분으로, 이 대뇌 피질에서 창조적이고 조직적인 일을 담당한다. 그런데 대뇌 피질이 감당하지 못할 만큼 큰 자극을 받으면 돌이키기 어렵거나 영구적인 손상이 발생한다. 그 결과 우울증이나 분노와 같은 비정상적 행동을 보이고 때때로 자살을 선택하기도 한다.

그렇다면 동물들은 어떨까? 동물들은 대부분 인간만큼 대뇌가 발달하지 않았다. 하지만 동물들도 정신적 충격을 받으면 스스로 목숨을 끊는 경우가 있다. 또한 자살은 '스스로 목숨을 끊는 행위'로, 이는 정신적 충격이 원인이 아니더라도 스스로를 죽이는 행위라면 자살이 성립할 수 있다는 뜻이다. 그러므로 혈연이나 자신의 유전자를 이어받은 후대를 위한 자기파괴 행위까지 포함한다면 자연에는 자살행위가 만연해 있다고 할 수 있다.

자살하는 동물로 알려진 노르웨이레밍

동물들의 자살 얘기가 나오면 대표적으로 언급되는 동물이 나그네쥐다. 레밍(lemming)으로 불리는 이 동물은 핀란드, 스칸디나비아반도 등지의 산악지대나 툰드라에서 주로 산다. 이들은 서식지의 환경이 좋아 개체수가 지나치게 늘어나면 일부 그룹이 새로운 터전을 찾아 이동하는 습성이 있다. 그런데 집단 이주 도중 선두가 방향을 잘못 잡아 나그네쥐의 능력으로는 건너갈 수 없는 바다나 호수로 향하면 단체로 물에 빠져 죽는다.

이러한 현상을 목격한 사람들은 이들이 서식지의 한정된 먹이 때문에 개체수를 조절하기 위해 집단으로 자살한다고 해석했고, 그 후 나그네쥐는 자살하는 동물로 알려졌다. 하지만 나그네쥐의 행동을 자살이라고 하기에는 석연치가 않다. 그들이 바다로 뛰어드는 이유는 죽고 싶어서가 아니라 새로운 서식지를 찾기 위해서이기 때문이다.

그런데 이와 유사한 집단 이동에서 자살로 볼 수 있는 사례가 있다. 남아프리카와 동아프리카 등지에 서식하는 소과에 속하는 포유류 '누(Wildebeest)'가 그렇다. 누는 건기와 우기를 기점으로 먹이인 풀을 따라 무리가 이동을 한다. 평소에는 20~50마리가 한 무리를 이뤄 생활하지만, 대이동 시기에는 최대 수만 마리가 되는 큰 집단을 형성한다. 이때 선두에 선 누들이 먼저 악어가 서식하는 강에 뛰어들어 악어 밥을 자청하거나 거센 물살에 휩쓸려 죽으면, 뒤따르는 많은 개체는 무사히 강을 건너 살아남을 수 있다. 집단을 위해 자살을 선택했

강을 건너는 누 무리

다고 할 수 있다.

또 다른 사례로는 '스트랜딩(Stranding)' 현상이 있다. 스트랜딩은 좌초라는 뜻으로, 고래나 물개, 바다표범과 같은 해양동물이 스스로 바닷가 육지로 올라와 질식, 탈진 등의 이유로 죽음에 이르는 현상을 뜻한다. 16~17세기 화가들이 해안에 좌초된 고래들을 그린 그림이 있는 것으로 보아 이 같은 현상은 꽤 오래전부터 나타난 것으로 보인다. 최근에는 2020년 9월, 호주 태즈메이니아에서 파일럿 고래 450여 마리가 떼죽음을 맞이한 사례와 2020년 11월 뉴질랜드 남동쪽 채텀제도 해변에서 들쇠고래 97마리와 돌고래 3마리가 사망한 사례 등이 있다.

스트랜딩 현상이 일어나는 원인은 아직 정확하게 밝혀지지 않았다. 전문가들은 해양동물이 겪는 스트레스가 주된 요인이라 추정하고, 스트레스의 원인을 연구하고 있다. 스트랜딩 현상에 대해 과학자들은 종족을 보존하기 위한 자기희생, 지구 온난화로 인한 먹이 고갈, 해양 오염 등을 그 원인으로 꼽는다.

또 다른 추측으로는 음파 탐지기나 잠수함에서 쏘는 초음파가 있다. 고래들은 초음파를 이용해 서로 소통하는데, 인간이 만들어내는 온갖 소리는 그러한 고래들의 교신을 방해한다. 특히 음파 탐지기나 잠수함의 초음파는 고래의 청각에 매우 심각한 손상을 입힐 수 있다. 실제로 집단 자살한 고래들의 뇌와 귀에서 다량의 출혈 흔적이 발견되었다는 점이 이를 증명한다. 소음으로 동족 간 소통이 불가능해지고, 신체적 손상이 발생할 정도로 고통받은 고래들이 스스로 죽음을 택한다는 주장이다.

환경을 오염시켜 동물들의 서식지를 파괴하는 주체도 인간이고 여러 소음으로 고래의 청각을 손상시키는 주체도 인간이다. 결국 고래들을 집단 자살에 이르게 한 원인은 인간이 제공한 게 아닐까? 동물도 극심한 스트레스를 받으면 스스로 목숨을 끊을 수 있다는 사실을 잊어서는 안 되겠다.

참고 자료

2019 사망원인통계 결과, 통계청 / 대뇌 피질, 두산백과 / 레밍, 두산백과 / 『지식의 반전』(존 로이드, 존 미친슨 지음, 해나무) / 「슬프고 미스테리한 동물의 선택」(최종욱 글, 《KISTI 과학향기 칼럼》, 2006.01.23) / 누, 두산백과 / 스트랜딩, 시사상식사전 / 「자살하는 동물과 인간의 차이점은?」(김종화 글, 《아시아경제》, 2020.02.04) / 「호주 해변에 '좌초'한 고래떼, 90여 마리 떼죽음…… '스트랜딩' 추정」(《아시아경제》, 2020.09.20) / 「해양동물의 의문스러운 죽음, 스트랜딩 현상」(해양수산부 공식 블로그, 2021.01.13)

초식동물은 풀만 먹는데 왜 살이 찔까?

오늘날 우리는 영양 과잉의 시대에 살고 있다. 발전된 과학과 기술력은 인류에게 풍족한 식량을 선물했고, 현재는 비만이 사회 문제로 떠오를 정도가 되었다. 현대인에게 다이어트나 식단 조절과 같은 친숙한 단어는 없을 것이다.

우리는 과도하게 살이 쪘을 때 살을 빼려고 식단을 조절한다. 그럴 때 주로 먹는 음식이 샐러드다. 탄수화물과 지방의 섭취를 줄이고 채소 위주로 먹어 살을 빼는 것이다. 그런데 여기서 의문이 하나 생긴다. 우리는 왜 다이어트를 할 때 채식 위주의 식단을 짤까? 지구상에서 가장 큰 육상동물인 코끼리도 풀만 먹는데 큰 덩치를 자랑하지 않는가.

사자, 호랑이, 곰 등은 대표적인 육식동물이다. 그런데 코끼리, 하마, 기린 등의 초식동물이 오히려 그들보다 덩치가 더 크다. 지상에서 가장 큰 육식동물인 곰과 가장 큰 육상 초식동물인 코끼리를 비교하면 크기 차이를 확연하게 알 수 있다. 코끼리 중 가장 큰 종인 아프리카코끼리는 키가 3미터에 몸무게가 6톤이나 된다. 하마 역시 키가 1.5미터이고 몸무게는 3톤이다. 그에 비해 곰 중 가장 덩치가 큰 북극곰도 최대 800킬로그램 정도의 몸무게가 한계다. 그럼 풀만 먹는 초식동물은 어떻게 덩치를 키울까?

우리는 살을 뺄 때 주로 채식을 한다. 사실 나뭇잎이나 잡초 같은 식물에도 영양소가 없는 것은 아니다. 하지만 인간이 식물만을 섭취해서 단백질과 근육을 합성하기에는 단백질이 부족할 수밖에 없다. 특히 단백질의 기본 구성단위이자 체내에서 합성할 수 없는 필수 아미노산이 절대적으로 부족하다. 또한 풀에는 섬유질이라고도 하는 셀룰로오스가 포함되어 있다. 우리가 음식을 섭취하면 몸속에 있는 소화 효소가 음식의 영양분을 분해하고 흡수한다.

아밀레이스는 탄수화물을, 트립신과 펩신은 단백질을, 쓸개즙과 라이페이스는 지방을 분해한다. 그런데 인간에게는 셀룰

소는 대표적 반추동물이다.

로오스를 분해할 수 있는 효소가 없다. 즉, 인간은 풀을 먹어도 소량의 비타민과 미네랄 등의 영양소만 흡수할 뿐 셀룰로오스를 흡수할 수 없는 것이다. 우리가 다이어트를 할 때 채식 위주의 식단을 짜는 이유가 바로 여기에 있다.

반면 소, 양, 기린, 사슴 같은 반추동물은 사정이 다르다. 반추동물이란 되새김동물이라고도 하는데, 위가 여러 개인 동물을 뜻한다. 대표적 반추동물인 소는 위가 4개나 된다. 소가 풀을 뜯어 먹으면 풀은 제1위인 혹위로 이동한다. 이 혹위에는 셀룰로오스를 분해하는 미생물들이 살고 있다. 하지만 셀룰로오스는 아주 단단하고 질겨서 완전히 분해되지 않은 상태로 제2위로 보내진다.

벌집위로 불리는 제2위에서 덜 소화된 풀들은 둥그런 덩어리로 뭉쳐지고, 소는 이 덩어리를 입으로 가져와 다시 씹어서 혹위(첫째 위)로 보낸다. 이 과정을 되새김질이라 하는데, 반복되는 되새김질 과정에서 셀룰로오스는 당으로 분해된다. 이 당은 미생물이 써버리지만, 발효의 산물로 생성된 지방산, 아미노산, 비타민 등은 제3위와 제4위를 거치며 소에게 흡수된다. 제3위인 겹주름위에서는 수분을 흡수하고, 제4위인 주름위에서는 나머지 영양분을 흡수한다. 다시 말해 소는 풀을 먹지만, 그 풀을 위 속 미생물들이 분해해서 발효시킨 산물들을 흡수하여 필요한 영양소를 얻는 것이다.

코끼리는 조금 다르다. 코끼리는 반추동물들과 달리 위가 하나뿐이라 되새김질을 해서 셀룰로오스를 분해할 수 없다.

코끼리는 식물을 하루에 150kg 이상 먹는다.

하지만 코끼리의 맹장에는 셀룰로오스를 분해하는 효소인 셀룰라아제가 있다. 이 발달된 맹장 덕분에 코끼리는 셀룰로오스를 분해해 영양분을 흡수할 수 있다. 다만 코끼리는 소화력이 약해 자신이 섭취한 먹이의 40% 정도만 소화할 수 있다. 그렇기에 코끼리는 하루에 150킬로그램에 달하는 식물을 먹어야만 한다. 초식동물이 채식만 하는데도 살이 찌고 덩치가 큰 이유는 소화기관이 인간과 다르기 때문이다.

"코끼리도 채식주의자다"라는 말이 있다. 체중 관리 때문에 샐러드를 먹으면서도 살이 빠지지 않아 고민해본 사람이라면 한 번쯤 들어봤을 말이다. 채식 위주의 식단이더라도 코끼리처럼 많이 먹으면 살이 빠질 리가 없다는 뜻이지만 사실 틀린 말이다. 코끼리나 소가 채식만 하는데도 살이 찌고 덩치가 큰 이유는 소화기관이 인간과 다르기 때문이다. 그래도 인간에게는 셀룰로오스를 분해할 능력이 없어 샐러드라도 마음껏 먹을 수 있으니 다행 아닌가.

참고 자료

반추동물, 두산백과 / 섬유질, 두산백과 / 셀룰로스, 두산백과 / 반추위, 두산백과 / 반추위, 미생물학백과 / 「풀만 먹는 소는 미생물을 먹고 덩치가 커졌다」(이소영 글, 《KISTI의 과학향기》, 2016.03.28) / 「풀만 먹어도 코끼리처럼 살이 찔까」(한동하 글, 《헬스경향》, 2018.07.09)

야생동물은 충치에 걸리지 않을까?

우리는 스트레스를 받거나 우울할 때, 단 음식을 먹으며 기분전환을 하는 경우가 있다. 실제로 초콜릿이나 과자, 케이크 등을 먹으면 일시적으로 기분이 좋아진다. 그러나 당의 과다 섭취는 우리 몸에 여러 문제를 불러올 수 있는데, 그중 하나가 충치다. 인간의 영구치는 한번 손상되면 재생되지 않기 때문에 충치는 여러모로 골칫거리일 수밖에 없다. 그래서 우리는 치아가 손상되지 않도록 칫솔과 치약, 치실 등을 이용해 항상 치아를 관리한다.

여기서 의문이 하나 생긴다. 우리는 열심히 치아를 관리하

악어새로 알려진 이집트물떼새는 알려진 바와는 달리 악어의 이빨을 청소해 주지 않는다.

는데도 가끔 충치가 생겨 치과를 간다. 그런데 양치질도 하지 않는 야생동물은 왜 충치가 생기지 않을까?

야생동물의 '이빨 관리' 하면 떠오르는 동물이 있다. 바로 악어와 악어새다. 흔히 공생 관계를 설명할 때 악어와 악어새를 예로 들기에 이들의 관계는 우리에게 아주 친숙하다. 그러나 상식처럼 널리 알려진 것과 다르게 악어새는 악어 이빨에 낀 고기를 먹지 않는다. 악어새로 불리는 새의 이름은 이집트물떼새인데, 이들의 주식은 벌레, 열매, 씨앗 등이다. 즉, 이집트물떼새가 자신의 먹이가 아닌 고기를 먹으며 악어의 이빨을 청소해주는 것은 이치에 맞지 않는다. 그뿐 아니라 악어는 이빨 사이가 넓어 찌꺼기가 잘 끼지 않고, 평생 3,000개 이상의 이빨이 빠지고 다시 나기를 반복하기에 애초에 충치 걱정이 없는 동물이다.

그렇다면 어째서 이러한 잘못된 상식이 널리 퍼지게 되었을까? 악어와 악어새 이야기는 기원전 5세기까지 거슬러 올라간다. 고대 그리스의 역사가 헤로도토스(Herodotus, BC 484?~BC 425?)의 저서인 『역사』에는 "물에서 뭍으로 나온 악어는 입을 쩍 벌린 채 바람을 즐기곤 하는데, 벌어진 악어 입속에서 악어새는 거머리들을 먹어 치운다. 이런 관계는 악어에게도 이롭다"는 구절이 있다. 또한 기원전 4세기의 철학자 아리스토텔레스(Aristotle, BC 384~BC 322)가 쓴 『동물사』에는 악어새의 행동을 이빨 청소로 설명했다. 이렇게 탄생한 악어와 악어새 이야기가 오랜 시간 널리 퍼진 것이다.

그렇다면 동물에게는 충치가 생기지 않을까? 이 질문에 답하기 전에 충치의 원리를 이해해야 한다. 충치의 정확한 명칭은 '치아우식증'이다. 잇몸에서 돌출된 치아를 '치관'이라고 하는데, 여기는 에나멜 보호층으로 덮여 있다. 작은 막대 모양의 칼슘염 결정체로 구성된 에나멜은 재생되지는 않지만 인체에서 가장 단단한 물질이다. 따라서 일반 균은 쉽게 치아를 공격할 수 없다.

충치의 원인이 되는 균은 '스트렙토코쿠스 무탄스(Streptococcus mutans)'라는 균이다. 무탄스균은 우리가 음식물, 즉 탄수화물을 섭취하면 그 탄수화물에 있는 당분을 분해하고 젖산을 만들어낸다. 바로 이 젖산이 치관의 에나멜을 녹이고 이런 과정이 반복되면서 충치가 생긴다. 결과적으로 충치의 원인은 당분이라고 할 수 있다. 어릴 때 자주 듣던 "초콜릿이나 사탕을 많이 먹으면 이 썩는다"는 어른들의 말이 과학적 근거가 있었던 것이다.

동물도 마찬가지여서 동물의 이빨도 에나멜로 보호된다. 그러므로 사람과 같이 입안으로 당분이 들어오면 무탄스균에 의해 충치가 생긴다. 그러나 야생동물이 먹는 음식에는 당분이 거의 들어 있지 않다. 야생동물이 양치질을 하지 않고도 이빨에 문제가 거의 없는 이유가 바로 여기에 있다. 물론 동물들에게 충치가 전혀 생기지 않는 것은 아니다. 사람에 비해 충치가 생길 확률이 낮을 뿐 이빨 사이에 찌꺼기가 끼면 충치가 생기기도 한다. 야생동물은 충치를 방지하기 위해 나무껍질이나 풀 등을 씹어 이빨에 낀 음식물을 제거한다. 또한 물을 마실 때 이빨을 씻거나 태양열로 살균하는 등 다양한 방법으로 나름대로 이빨 관리를 한다.

야생동물이 충치 걱정을 하지 않는 또 다른 이유도 있다. 바로 수명이다. 대부분 동물은 인간보다 최대 수명이 짧다. 특히 언제 죽을지 모르는 야생에서는 평균적으로 더욱 짧은 시간을 살아간다. 그러니 자연히 이빨을 사용하는 기간도 짧을 수밖에 없고, 그만큼 충치 걱정도 덜한 것이다.

그뿐 아니라 몇몇 동물은 이빨이 계속 재생되기도 한다. 설치류는 이빨이 계속 자라기 때문에 충치가 생길 틈이 없다. 상어는 이빨이 닳거나 빠지면 뒷 열의 이빨이 이동하여 새로운 이빨열을 형성한다. 평생 이빨 걱정을 하지 않고 살 수 있는 것이다. 그래서 과학자들은 이러한 상어의 이빨 재생력을 인간에게 적용하는 방법을 연구 중이다.

하루에 세 번씩 양치질을 하는 것이 때로는 귀찮을 수 있다. 그러나 우리는 식사를 하지 않고는 살아갈 수 없고, 식사에는

상어는 이빨이 빠지면 새로운 이빨이 자라난다.

치아의 건강이 필수적이다. 따라서 상어처럼 평생 치아를 재생하는 기술이 개발되기 전까지는 치아를 철저히 관리하는 것이 좋다. 치과에서 공포스러운 금액이 적힌 영수증을 받아보기 싫다면 말이다.

참고 자료

「악어와 악어새는 공생 관계? No!」(《매일경제》, 2012.02.08) / 「악어와 악어새는 정말 공생 관계일까?」(국립낙동강생물자원관 블로그, 2019.07.18) / 치아, 서울대학교병원 신체기관정보 / 치아와 잇몸, 서울대학교병원 의학백과사전 / 에나멜, 두산백과 / 상어, 해양학백과

마약에 빠진 동물들

현대사회에는 사람들의 즐거움을 위한 유희거리가 많이 있다. 우리는 소설, 영화, 드라마, 만화, 게임 등의 오락거리로 스트레스를 해소하고 즐거움을 얻는다. 하지만 유희가 주는 쾌락에 매몰되어 일상생활에 악영향을 미칠 경우, 우리는 그 행위에 '중독'되었다고 여긴다. 신체에 직접 영향을 주는 물질이 포함된 술, 담배, 마약 등이 불러오는 '중독'과 유사하게 취급하는 것이다. 즐거움을 위한 오락거리와 기호식품이 즐비한 현대사회는 곳곳에 중독의 위험이 도사리고 있다 해도 지나친 말이 아니다.

현대사회에서 가장 위험한 중독은 마약 중독이다. 마약에 중독되면 기억력 감퇴는 물론 일반적인 사고와 통제도 불가능해지고 결국 마약 없이는 행복감을 느끼지 못하는 지경에 이른다. 이러한 위험 때문에 대부분 국가에서는 마약을 금지한다. 그런데 쾌락을 추구하는 것이 인간만의 특성은 아닌가 보다. 동물들도 여러 가지 놀이를 하며 즐거움을 얻는다.

반려견을 키우는 사람이라면 강아지의 스트레스를 풀어주거나 강아지와 교감하기 위해 여러 놀이를 해본 경험이 있을 것이다. 또한 야생 고양이가 재미 삼아 사냥을 하고 잡은 사냥감을 가지고 놀기도 한다는 사실은 널리 알려져 있다. 이렇듯 동물도 즐거움을 추구한다면, 가장 위험하다고 하는 마약은 어떨까? 그렇다. 마약 또한 인간의 전유물이 아니다.

의도적으로 마약을 하는 대표적인 동물이 있다. 동물 중에서도 지능이 아주 높다고 알려진 돌고래가 그 주인공이다. 그들은 무리를 지어 생활하고 초음파를 이용해 서로 대화도 하며 인간처럼 하나의 사회를 이룬다. 돌고래의 높은 지능은 도움이 필요한 개체를 서로 힘을 합쳐 도와주거나 무리 안에서 특정 놀이를 유행시키는 행동까지도 가능하게 한다. 그래서인지 인간과 흡사한 행동 양식을 보이는 돌고래는 때때로 바닷속에서 마약까지 찾아내 즐긴다. 그럴 때 돌고래가 이용하는

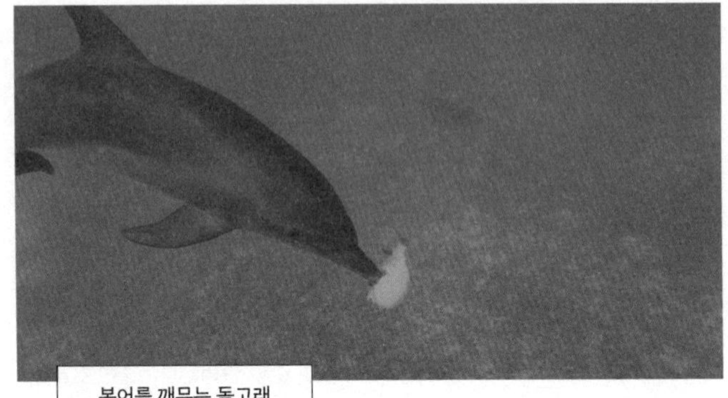

복어를 깨무는 돌고래

것이 복어다.

복어는 청산가리보다 훨씬 더 위험한 테트로도톡신(Tetrodotoxin)이라는 맹독을 가지고 있다. 인간이 테트로도톡신을 섭취하면 먼저 입술, 혀끝, 손끝이 저리고 점점 몸 전체가 마비된다. 더 심해지면 호흡곤란과 전신마비 증세를 보이면서 의식을 잃고 호흡과 심장박동이 정지된다. 복어의 독은 소량으로 성인의 목숨을 앗아갈 만큼 치명적이다.

복어는 위험한 상황이 되면 몸을 부풀리고 독을 방출하는데, 이것을 알고 있는 돌고래들은 일부러 복어를 가볍게 깨물어 독을 내보내게끔 한다. 이런 방식으로 소량의 독을 섭취한 돌고래는 환각에 빠지거나 마비 증세를 겪는데, 그런 상황을 즐기는 것이다. 또한 복어가 죽지 않도록 한 마리를 신중하게 깨문 뒤, 그 복어의 독을 돌고래 여러 마리가 번갈아 가며 즐기는 모습이 관찰되기도 했다. 돌고래들이 복어를 마약처럼 이용하는 것이다.

우리에게 매우 친숙한 고양이도 마치 마약에 취한 듯한 행동을 보일 때가 있다. 바로 캣닙(Catnip)의 냄새를 맡았을 때다. 캣닙은 허브의 일종으로 개박하라고도 한다. 캣닙은 잎 뒷면의 분비샘에서 '네페탈락톤(Nepetalactone)'이라는 물질을 분비하는데, 이 물질이 고양이를 마치 마약에 취한 것처럼 만든다. 콧속으로 들어간 네페탈락톤이 고양이의 행복감을 촉진하는 신경계를 활성화하는 것이다.

하지만 인간들의 마약과 달리, 캣닙은 중독성이나 유해성이

캣닙을 즐기는 고양이

없다. 또 캣닙은 인간에게는 아무런 영향을 미치지 않으니 고양잇과 동물들에게만 허락된 마약인 셈이다.

술을 즐기는 동물도 있다. 대표적인 것이 마룰라 열매를 먹는 아프리카의 동물들이다. 망고나무류의 일종인 마룰라나무(Scelerocarya birrea)는 아프리카에서 흔히 볼 수 있다. 마룰라나무 열매는 아프리카의 더운 기후 때문에 발효가 빠르게 진행되는데, 발효된 마룰라 열매는 과실주처럼 동물들을 취하게 만든다. 코끼리, 혹멧돼지, 기린, 얼룩말, 원숭이 등 아프리카에서 서식하는 많은 동물이 마룰라 열매를 즐겨 먹는다.

가장 술을 즐겨 마시는 동물은 붓꼬리나무타기쥐(Ptilocercus lowii)다. 말레이시아에서 서식하는 이 동물은 꼬리가 붓처럼 생긴 쥐과의 설치류다. 붓꼬리나무타기쥐의 주식은 버트램야자(Bertram palm)의 꽃에서 나오는 꿀인데, 이는 식물에 들어 있는 천연 효모 때문에 자연 상태에서 발효된다. 그래서 이 꿀은 알코올 함량이 3.8퍼센트에 이르는데, 이는 맥주 정도의 도수다. 즉, 붓꼬리나무타기쥐는 주식으로 꿀술을 마시는 것이다. 이들은 하루에 알코올을 72그램씩 섭취하지만, 비틀거리거나 헤롱대지 않는다. 알코올을 잘 분해하도록 진화했기 때문이다.

우리는 인간이 다른 동물보다 우월하다고 생각한다. 인간만큼 뇌가 발달하고 지능이 높은 동물은 지구상에서 찾아볼 수 없으므로 틀린 말은 아닐 것이다. 그러나 쾌락 앞에서 쉽게 자제력을 잃는다면 인간이나 동물이나 다를 것이 없다. 이성으로 본능을 조절할 수 있어야 만물의 영장이라 불릴 자격이 있지 않을까?

참고 자료

「독있는 '복어'먹고 '헤롱헤롱'…… 돌고래 포착」(《서울신문》, 2013.12.30) / 「돌고래가 '복어 독'을 이용해 하는 행동」(《중앙일보》, 2017.06.26) / 「테트로도톡신」(《독성정보》, 식품의약품안전처 식품의약품안전평가원) / 「고양이가 캣닙을 좋아하는 이유는 '네페탈락톤' 성분 때문」(《조선일보》, 2021.01.27) / 「고양이는 왜 캣닙에 취할까」(《한겨레》, 2019.01.03) / 「고양이는 왜 캣닙을 얼굴과 몸에 문지르나」(《한겨레》, 2021.01.21) / 「술주정? 놀이? 쾌락 즐기는 동물들의 은밀한 사생활」(《KISTI의 과학향기》, 2018.11.28) / 『지식의 반전-호기심의 승리』(존 로이든, 존 미친슨 지음, 해나무)

앵무새는 어떻게 사람 말을 따라 할까?

반려동물을 키우는 이들은 반려동물과 대화를 할 수 있으면 좋겠다는 생각을 할 것이다. 반려동물이 병에 걸리거나 다쳤을 때, 말을 하지 못하는 동물은 자신이 아픈지, 어디가 아픈지를 우리에게 전달하지 못한다. 그래서 종종 치료 시기를 놓치거나 병이 악화되기도 한다. 소셜 네트워크 서비스에서 인기가 많은 어느 스타견의 견주는 자신의 반려견에게 딱 한 가지 말을 가르칠 수 있다면 "나 아프다"는 말을 가르치겠다고 했다. 이는 반려동물이 아팠던 경험이 있는 수많은 사람의 공감을 샀다. 그런데 개는 지능이 높으니 사람 말을 가르칠 수 있지 않을까? 개에게 말을 가르치는 것이 불가능하다면, 그보다 지능이 더 높은 원숭이나 돌고래 등은 가능하지 않을까?

인간과 다른 동물의 큰 차이점 중 하나는 인간은 음성으로 된 언어를 사용한다는 것이다. 인간이 다양한 발음과 억양으로 복잡한 언어를 구사할 수 있는 이유는 구강구조 때문이다. 사람의 목에는 관이 두 개 있다. 음식물이 지나가는 식도와 공기가 지나가는 기도가 그것이다. 기도 위쪽을 후두라 하고, 그 위로 입과 연결되는 부위를 인두라고 한다. 후두에는 성대가 있어 소리를 낼 수 있다. 또한 긴 인두는 다양한 음을 내게 하고, 자유롭게 움직이는 혀는 여러 가지 발음을 만들어낸다. 이러한 요인들이 있기에 우리는 복잡한 음성 언어를 말할 수 있는 것이다.

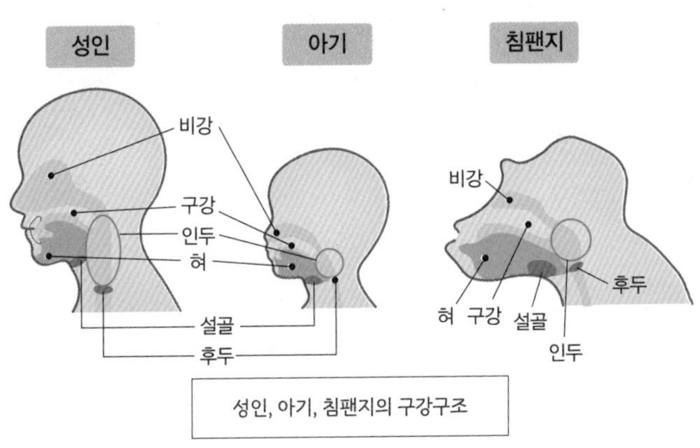

성인, 아기, 침팬지의 구강구조

그런데 인간이라도 태어나자마자 말을 잘하는 것은 아니다. 아기들은 인두가 짧아 혀 아래쪽에 있는 설골과 후두가 상대적으로 위쪽에 있다 보니 다양한 소리를 낼 수 없다. 갓난아기가 옹알이를 하고, 말문이 트이기 시작하더라도 발음이 불분명한 것은 이 때문이다. 이후에 아기가 성장하면 인두의 길이가 길어지고, 후두와 설골이 아래로 내려오면서 더 정확한 발음으로 말할 수 있다. 갓난아기가 말하지 못하는 것은 지능의 문제가 아닌 구강구조가 충분히 발달하지 못했기 때문인 것이다. 동물이 인간처럼 말을 하지 못하는 이유가 여기에 있다.

대부분 동물은 후두와 설골이 혀와 거의 같은 높이에 있으며, 이는 성체가 되어도 바뀌지 않는다. 따라서 동물은 지능과 관계없이 인간처럼 말을 하지 못하는 것이다. 유전적으로 인간과 가장 가까운 동물로 알려진 침팬지조차 마찬가지 이유로 사람과 같은 언어를 구사하지 못한다.

이쯤 되면 떠오르는 동물이 있다. 인간의 말을 곧잘 따라 하는 것으로 유명한 앵무새 말이다. 앵무새가 인간의 말을 따라할 수 있는 것은 인간과 유사한 음성 기관 구조에 기인한다. 네덜란드 라이덴대학교의 가브리엘 베커스(Gabriël J.L. Beckers) 교수의 연구에 따르면, 앵무새는 혀가 상당히 두꺼우며 사람처럼 혀의 모양과 위치를 바꿔가면서 다양한 소리를 낸다고 한다.

새들은 대부분 후두 아래의 울대 안에서 발성을 하는데, 앵무새는 추가로 혀를 이용하여 다양한 소리를 내는 것이다. 그뿐 아니라 앵무새의 전뇌에는 '노래핵'이라는 기관이 있다. 여기서 발현되는 유전자 중 소리를 기억하고 흉내 내는 능력을 담당하는 유전자가 있다. 그렇기에 앵무새는 다른 동물들에 비해 한층 뛰어난 언어 학습 능력을 보여준다.

앵무새가 사람 말을 흉내 낼 수 있다면, 말의 뜻도 이해할 수 있을까? 앵무새의 아이큐는 30 정도로 2~3세 아이와 비슷하다. 이는 다른 새들보다는 높으나 사람 말뜻을 이해하고 의사소통이 가능한 정도는 아니다. 간혹 앵무새가 상황에 딱 맞는 말을 하지만, 그것은 사람과 대화하는 것이 아니라 그저 주변 소리를 따라 한 것뿐이다.

사람의 말을 흉내 낼 수 있는 또 다른 새도 있다. 참새목 찌르레기과에 속하는 구관조라는 새다. 겉모습이 까마귀를 닮은 이 새는 앵무새처럼 지능이 높고 혀가 두툼해서 사람의 말뿐 아니라 다른 새의 울음소리, 각종 무생물이 내는 소리 등 다양한 소리를 따라 할 수 있다. 그래서 앵무새만큼 구관조도 애완새로 길러지고 있다.

어렸을 때 동물원에 가서 앵무새나 구관조를 본 적이 있다

앵무새와 구관조는 두툼한 혀를 자유롭게 움직일 수 있다.

면, 한 번쯤 그 새들에게 말을 걸어본 경험 또한 있을 것이다. 강아지나 고양이를 키우는 사람들은 그들이 사람의 말을 할 수 없다는 사실을 알면서도 자주 말을 걸며 교감하고자 한다. 과학 기술이 더 발달한다면, 언젠가는 반려동물과 대화하는 날이 올지도 모른다.

참고 자료

「동물은 왜 말을 못하나」(이은희 글, 《생물산책》, 2009.07.30) / 「옹알옹알, 인간만이 말을 할 수 있는 이유는 무엇일까요?」(《사이언스타임즈》, 2005.09.28) / 「사람만이 말을 할 수 있는 이유」(《프레시안》, 2005.10.21) / 「앵무새의 언어능력과 혀의 역할」(《KISTI의 과학향기》, 2004.09.15) / 「앵무새가 말 배우는 유전자 비밀 찾았다」(《경향신문》, 2014.12.12) / 「국내 연구진, 앵무새 말하는 비밀 밝혀내」(《중앙일보》, 2014.12.12) / 「사람처럼 "산토끼 토끼야"…… 앵무새 말하는 비밀 풀었다」(《중앙일보》, 2021.05.08) / 『새의 언어-새는 늘 인간보다 더 나은 답을 찾는다』(데이비드 앨런 시블리 지음, 윌북)

'파랑새'는 '파란색'이 아니다

『파랑새』는 1906년에 벨기에의 작가 모리스 마테를링크(Maurice Maeterlinck, 1862~1949)가 발표한 동화극이다. 치르치르와 미치르 남매가 꿈속에서 요정과 함께 파랑새를 찾아 여행한다는 내용이다. 결국 파랑새를 찾지 못하고 꿈에서 깨어난 남매는, 자신들이 집에서 기르던 비둘기가 바로 그 파랑새였음을 깨닫는다.

이 동화에서 파랑새는 행복을 상징하며 우리에게 행복은 멀리 있는 것이 아니라는 교훈을 준다. 그런데 파랑새는 사실 파란색이 아니다. 파란색으로 보이는데 파란색이 아니라니, 우리 눈이 잘못된 것일까?

결론부터 이야기하면, 파란색 색소를 지닌 새는 지구상에 존재하지 않는다. 동물의 색에는 색소에 따라 나타나는 색 외에도 형태에 의한 구조색이 존재한다. 새들의 깃털을 현미경으로 살펴보면 케라틴이라는 단백질이 마치 스펀지 같은 구조로 구성되어 있다. 빛이 깃털의 미세구조에 닿았을 때, 빛의 산란과 간섭으로 특정한 색으로 보이는 것이다. 이처럼 색소 없이 조직의 구조가 만들어내는 색을 구조색이라 한다. 다시 말해, 몇몇 종의 새에게서 파란색이 보이는 까닭은 파란색 빛을 사방으로 반사하는 깃털 구조 때문이지 그들이 파란색 색소를 가지고 있어서가 아니다.

모르포나비(Morpho butterfly)는 나비목 네발나비과 모르포

헬레나모르포나비의 날개는 선명한 파란색이지만 파란색 색소는 없다.

(Morpho)속에 속하는 나비들의 총칭이다. 모르포나비에 속하는 나비 수십 종 중 헬레나모르포나비(Rhetenor Blue Morpho)를 포함한 몇몇 종은 화려하고 아름다운 푸른색으로 유명하다. 그렇기에 합성염료가 발전하기 이전에는 이 나비에서 파란색 색소를 추출하려는 시도가 자주 있었다. 하지만 아무리 애를 써도 불가능했는데, 애초에 모르포나비의 날개에는 파란색 색소가 전혀 없었기 때문이다. 모르포나비의 파란색은 나비 날개의 독특한 나노구조에 따른 구조색이다. 나노구조는 나노 크기의 아주 작은 원자들이 특정한 형태로 배열되어 있는 구조를 가리킨다.

독특한 내부 구조에 따라 만들어진 구조색은 그 구조가 바뀌면 색도 변한다. 예를 들어, 모르포나비의 파란색 날개에 알코올을 떨어뜨리면 날개의 미세구조가 바뀌면서 초록색이 되고, 알코올이 모두 증발한 후에야 다시 원래 색으로 돌아온다. 그뿐 아니라 날개를 강하게 문질러서 그 내부구조를 파괴하면 나비는 본래의 아름다운 색을 잃어버리게 된다.

환경에 따라 색을 바꾸는 동물로 유명한 카멜레온도 마찬가지다. 카멜레온의 피부에는 빛을 반사하는 층이 두 개 있는데, 피부를 수축 혹은 이완하는 행동을 함으로써 이 층의 격자구조를 바꿀 수 있다. 격자구조가 변하면 흡수하고 간섭하는 빛의 파장대도 같이 변하게 되어 결과적으로 피부색이 바뀌는 것이다.

그렇다면 파란색 색소를 지닌 동물은 지구상에 존재하지 않을까?

극히 드물지만 존재한다. 파란색 색소를 지닌 동물의 대표적 예가 열대 산호초 지대에 서식하는 만다린 피시(Mandarin fish)다. 자연계에 존재하는 동물 중 1퍼센트 미만의 동물만 만다린 피시처럼 파란색 색소를 지니고 있다. 청독화살개구리나 올리브윙나비가 이에 속한다.

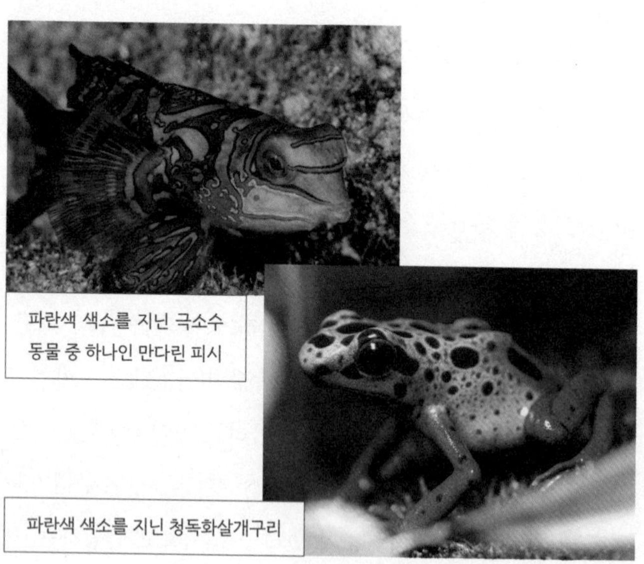

파란색 색소를 지닌 극소수 동물 중 하나인 만다린 피시

파란색 색소를 지닌 청독화살개구리

파란색 동물들 대부분이 색소가 아닌 구조로 파란색을 띠는 원인은 아직 밝혀지지 않았다. 다만 파란색 색소를 만드는 데 에너지가 많이 소모된다거나, 수억 년 동안 획득하지 못한 색소 유전자를 새로 만들어내는 것보다는 표면의 구조를 바꾸는 것이 더 쉬웠을 것이라는 등의 가설만 있다.

파란색은 인간에게 경계의 색이었다. 인류 역사에서 파란색은 오랫동안 중요하지 않은 색, 아무 의미 없거나 별것 아닌 색, 심지어 고대에는 경멸받는 색이었다. 로마인은 청색을 미개인의 색 혹은 이방인의 색으로 여겼다. 또 눈이 파란 여자는 방탕한 생활을 하는 사람으로 취급받았고, 눈이 파란 남자는 나약하고 교양 없는 사람으로 취급받았다.

이러한 부정적 인식은 12세기 이후 바뀌게 된다. 색과 빛에 대한 성직자나 신학자들의 생각이 바뀌었기 때문이다. 기독교인의 신은 빛과 하늘의 신이기에 그 상징이라 할 파란색은 신성한 색이 되었다. 그렇게 인식이 바뀐 파란색은 안정감이나 공감, 합의를 의미하는 색으로 자리매김하게 되었다.

인류 역사에서 파란색은 경멸과 성스러움이라는 두 가지 얼굴을 가졌다. 자연계에서도 파란색은 청독화살개구리의 맹독을 나타내기도 하고, 짝을 유혹하는 공작새의 구애를 나타내기도 한다. 또한 많은 조류에서 볼 수 있는 파란색은 파란 색소가 아니라 구조색으로 구조가 바뀌면 얼마든지 다른 색으로 바뀔 수 있는 것이었다. 파란색은 그야말로 반전의 색이라 할 수 있다.

참고 자료

『블루의 과학』(카이 쿠퍼슈미트 지음, 반니) / 『색의 인문학』(미셸 파스투로, 도미니크시모네 지음, 미술문화) / 「파란 말은 없지만 파랑새는 있다」(강석기 글, 《동아사이언스》, 2014.01.06) / 동물의 색소, 두산백과 / 「신비로운 모르포나비 색의 원천은?」(《사이언스타임즈》, 2021.04.02) / 「스스로 구조를 바꿔 변색하는 카멜레온」(최낙언 글, 《KISTI의 과학향기》, 2016.06.01)

유독 고양이가 귀여운 이유

'랜선 집사'라는 신조어가 있다. 인터넷을 통해 다른 사람이 키우는 고양이의 영상과 사진을 즐겨보는 사람을 가리키는 말이다. 조금 더 큰 범주의 '뷰니멀족(viewnimal族)'도 있다. 본다는 의미의 뷰(view)와 동물을 뜻하는 애니멀(animal), 무리를 뜻하는 접미사 족(族)이 합쳐진 신조어다. 시간과 비용, 알레르기 등 현실적 제약 때문에 반려동물을 키우지 못하는 사람들이 온라인상에서 동물들을 보며 심리적 위안을 얻고 만족감을 느끼는 것이다. 그렇다면 우리는 왜 작은 고양이나 강아지를 보고 귀여움을 느낄까?

사람들은 고양이처럼 작고 둥글둥글한 동물 또는 아기를 보면 귀엽다고 생각한다. 이는 '베이비 스키마(baby schema)'라는 용어로 설명이 가능하다. 베이비 스키마는 오스트리아의 동물행동학자 콘라트 로렌츠(Konrad Lorenz, 1903~1989)가 정립한 개념이다. '스키마'는 정보를 통합하고 조직화하는 인지적 개념 또는 틀을 의미하며 '도식'이라고도 한다.

'유아도해(幼兒圖解)'라고도 불리는 베이비 스키마는 사람이나 다른 영장류가 육아 행동을 일으키는 특징의 조합을 나타내는 도식이다. 육아 행동은 동물이 새끼를 기를 때 하는 행동으로 젖을 먹이거나 외부 위협에서 보호하는 행위를 말한다. 이런 행동을 하게끔 하는 특징을 조합해서 나타낸 것이다.

로렌츠에 따르면, 육아 행동을 자극하는 특징으로는 돌출부

많은 사람이 고양이와 같은 작은 동물을 보고 귀여움을 느낀다.

귀여움은 아기들이 보호받을 수 있게 하는 장치다.

가 작은 동그스름한 머리, 정면을 향하는 큰 눈, 작은 코, 동그랗고 짧은 신체 비율 등이 있다. 포유류나 조류는 베이비 스키마의 특징을 갖고 태어난다. 태어난 후 일정 기간 어미의 보호가 없으면 살 수 없기 때문이다. 어미에게 육아 행동을 유도하고 어미의 보호가 없어졌을 때 다른 동물에게도 보호본능을 느끼게 하여 살아남기 위해 생긴 특징이다.

성체 포유류나 조류 또한 이런 유도에 반응하도록 신경체계가 조직화되어 있다. 그리고 새끼들이 보호가 필요 없을 정도로 자라나면 이러한 특징은 대부분 사라진다. 다시 말해, 아기를 보호하고 무사히 키워야 자신의 유전자가 후세에 전달되므

베이비 스키마를 정립한 콘라트 로렌츠

로 동물들은 본능적으로 아기들을 보면 귀여움을 느끼도록 진화한 것이다. 귀여움은 아기들이 보호받을 수 있게 하는 장치라 할 수 있다.

몇몇 동물은 성체가 되어도 베이비 스키마의 특징을 유지한다. 그중 대표적 동물이 고양이다. 보호 본능을 자극하는 특징을 성체가 되어서도 유지하니 고양이는 새끼일 때나 컸을 때나 사람들이 귀엽다고 느끼는 것이다. 동물원에서 아이들의 인기를 독차지하는 판다도 있다. 판다의 눈 주변에 있는 검은 털은 눈을 더 크게 보이게 해서 사람들은 성장한 판다를 보고도 귀여움을 느낀다.

인간은 아기의 귀여움에 유독 민감하게 반응하는 경향이 있다. 인간이 공동생활을 하면서 자기 자식뿐 아니라 공동체의 아기도 함께 돌봐야 했기에 아기의 기본 특성만 가져도 귀여움을 느끼도록 진화했고 이러한 성향이 동물의 새끼에게까지 귀여움을 느끼는 반응으로 이어진 것이다.

게다가 귀여움에 대한 반응은 생명체에게만 나타나는 것이 아니다. 풍선 같은 무생물에 눈, 코, 입만 그려 넣어도 사람들은 무의식적으로 귀여움을 느낀다. 다른 사람의 아기나 동물의 새끼는 물론 귀여운 모양을 한 무생물에까지 애정을 느낄 만큼 인간은 귀여움에 민감하다.

이러한 인간의 본능을 이용한 것이 캐릭터 산업이다. 미키 마우스, 곰돌이 푸, 포켓 몬스터, 뽀로로 등 오늘날 우리 주변에는 귀여움을 자극하는 캐릭터들이 무수히 많다. 1985년 미국의 생물학자 스티븐 제이 굴드(Stephen Jay Gould, 1941~2002)는 지난 50년 동안 미키 마우스의 얼굴 변천사를 조사했다. 그 결과 현재의 미키 마우스는 1928년 처음 등장한 미키 마우스에 비해 눈은 두 배에 가깝게 커지고, 코는 25퍼센트 정도 짧아진 모습이었다. 사람들이 친근감을 더 많이 느낄 수 있도록 미키 마우스의 생김새가 귀엽게 변해온 것이다.

오늘날 캐릭터 산업과 반려동물 관련 산업은 급격하게 성장하고 있다. 이러한 추세의 원인은 1인 가구가 늘고 저출산, 고령화 현상이 지속되면서 고독감을 느끼는 사람들이 많아졌기 때문일 것이다. 오늘따라 하루가 너무 팍팍하게 느껴진다면, 귀여운 동물들의 영상을 보는 것은 어떨까?

참고 자료

스키마, 두산백과 / 유아도해, 생명과학대사전 / 「왜 사람들은 귀여운 것에 끌리는가」(EBS 세상의 모든 법칙) / 「귀여움, 인간을 지배하는 힘」(《조선비즈》, 2014.10.27)

인간의 생명을 가장 많이 앗아간 생물

여름이면 찾아오는 불청객이 있다. 집요하게 우리의 피를 노리는 모기다. 모기는 한밤중에 윙윙거리는 소리로 잠을 깨우기도 하고, 피를 빨아 피부에 가려움을 유발하기도 한다. 그런 모기를 좋아하는 사람은 아마 없을 것이다. 모기에게 피해를 받지 않기 위해 우리는 모기약을 뿌리거나 모기향을 피우거나 방충망을 설치해 모기의 접근을 차단한다. 우리는 매년 모기와 전쟁을 벌이는 것이다. 그런데 모기들은 왜 그렇게 사람의 피를 탐할까?

사람은 배고프면 밥을 먹는다. 마찬가지로 다른 생물들도 본능적으로 배를 채우기 위해 움직인다. 먹이를 먹음으로써 신체에 에너지를 공급하고 생명을 유지하기 위해서다. 그렇다면 모기도 배가 고파서 우리의 피를 빨까? 모기의 주식은 일반적으로 꽃의 꿀이나 나무의 수액이다. 동물의 피를 먹는 것은 산란기의 암컷 모기뿐이다. 수정란을 지닌 암컷 모기는 난자를 성숙시키기 위해 동물성 단백질이 필요해진다. 피에는 단백질과 철분이 들어 있어 산란기의 암컷 모기에게 충분한 영양을 공급한다. 즉, 암컷 모기는 알을 낳고 번식하기 위해 우리의 피를 빠는 것이다. 알을 낳지 않는 수컷 모기나 산란기가 아닌 암컷 모기는 흡혈을 할 이유가 없으므로 우리의 피를 탐하지 않는다.

재미있는 사실은 모기에게 유독 인기 있는 사람들이 있다는 것이다. 단체 생활을 하다 보면 유독 모기에 잘 물리는 사람을

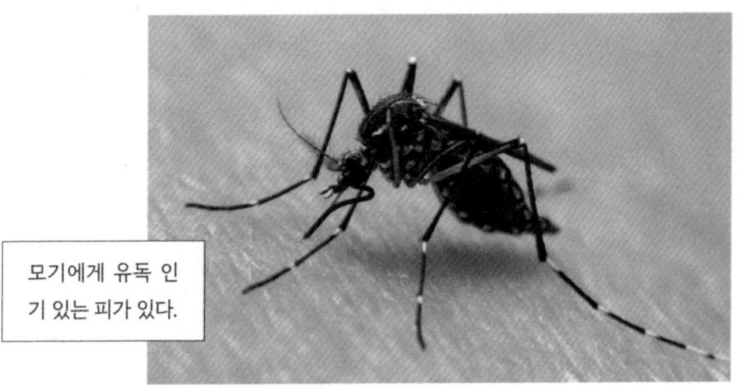

모기에게 유독 인기 있는 피가 있다.

볼 수 있다. 같은 공간에서 생활하는데도 모기에 물리는 횟수가 크게 차이 난다. 우선 혈액형이 O형인 사람은 A형인 사람보다 두 배 더 모기에 물린다. 정확한 원인은 밝혀지지 않았으나 실험적으로 그렇다. 또한 체온이 높거나 젖산이 많이 분비되는 사람들이 모기에게 인기가 좋다. 열이 많고 젖산 분비가 활발한 어린아이들이 성인들보다 모기에 물릴 확률이 높은 이유가 여기에 있다.

모기는 후각기관이 발달해 냄새에 민감하다. 땀 냄새, 발 냄새, 향수나 비누 냄새 등은 모기를 불러모으는 요인이 된다. 가장 중요한 요소는 목표물이 내뿜는 이산화탄소의 양이다. 모기는 60미터 떨어진 곳에서도 이산화탄소를 감지하고 날아온다. 임신한 여성은 평균 두 배가량 모기에 더 자주 물리는데, 이는 날숨에 포함된 이산화탄소가 임신하지 않았을 때보다 20퍼센트 정도 더 많고, 체온도 약간 더 높기 때문이다.

만약 운동한 뒤 씻지 않고 바로 잠든다면 모기에 물릴 각오를 해야 한다. 운동하면서 더 많이 내뱉은 이산화탄소와 흘린 땀, 배출된 젖산, 높아진 체온 등이 모두 모기를 유혹할 테니 말이다.

세계적 거대 기업 마이크로소프트사의 창립자 빌 게이츠(Bill Gates)와 멀린다 게이츠(Melinda Gates)는 2000년 '빌&멀린다 게이츠 재단'을 설립했다. 이 재단에서는 매년 인간의 생명을 가장 많이 앗아간 동물을 밝히는 보고서를 발표하는데, 압도적인 격차로 1위를 차지한 동물이 모기였다. 2위는 인간이고, 그 뒤를 뱀과 개가 이었다. 우리에게 위험한 동물이라는 인식이 있는 동물들은 순위가 한참 낮은데, 악어는 10위, 상어와 늑대는 나란히 15위를 기록했다.

모기는 인류 역사상 가장 많은 사망자를 냈지만 모기가 사람을 직접 해치는 것은 아니다. 사람의 목숨을 앗아가는 것은 모기가 옮기는 위험한 질병들이다. 모기가 퍼뜨리는 질병은 숱하게 많지만, 위험하고도 유명한 질병을 세 가지 정도 꼽아 볼 수 있다.

첫째는 말라리아 원충에 감염되어 발생하는 급성 열성 전염병인 말라리아(Malaria)다. 말라리아는 의료 시스템이 잘 갖추어진 선진국에서는 현재는 발병 사례가 거의 없지만, 세계적으로는 아직 위험한 감염성 질환 중 하나다.

둘째는 웨스트나일 바이러스에 의한 질환인 웨스트나일열(West Nile fever)이다. 아프리카, 동유럽, 서아시아, 중동에서 발생한 이 질병은 1999년 미국 동부지역에 퍼지기 시작해 삽시간에 미국 전역으로 번져나갔다. 2003년에는 미국에서만 환자가 9,862명 발생하여 264명이 죽기도 했다.

모기의 위험성을 최초로 밝힌 패트릭 맨슨

셋째는 또 다른 바이러스 매개 질병이자 열대 지방에서 여전히 발병하는 황열병(Yellow fever)이다. 황열병은 19세기 후반에 건설 인부 2만여 명을 사망케 해 파나마운하의 완공을 수십 년 지연시킨 원흉으로 알려져 있다.

오늘날 우리는 모기의 위험성을 잘 알지만 19세기까지도 사람들은 이 같은 사실을 잘 몰랐다. 당시 사람들은 습지나 늪이 내뿜는 독기 때문에 말라리아에 걸린다고 생각했고, 황열병의 원인이 더러운 침구나 의복이라 믿었다. 1878년 영국의 기생충학자 패트릭 맨슨(Patrick Manson, 1844~1922)이 사상충증을 일으키는 선충의 전파자가 모기라는 것을 알아냈다. 그

후 유사한 연구들이 뒤따랐고, 1900년경이 되어서야 모기가 말라리아와 황열병 등의 질병을 매개할 수 있다는 사실이 밝혀졌다.

귓가에서 윙윙거리는 모기는 그저 우리에게 약간의 짜증을 일으키는 사소한 존재로 인식되기 쉽다. 모기 매개 질병에서 안전한 지역에 거주하는 사람이라면, 모기는 그저 약간의 가려움을 유발하는 기분 나쁜 곤충에 지나지 않을 것이다. 하지만 매년 80만 명 이상이 모기로 목숨을 잃는다. 위험한 바이러스와 질병들을 퍼뜨려 수많은 인간의 목숨을 위협하는 모기는 지구에서 가장 치명적인 살인자라 할 수 있다.

참고 자료

『모기-인류 역사를 결정지은 치명적인 살인자』(티모시 C. 와인가드 지음, 커넥팅) / 『곤충의 통찰력』(길버트 월드바우어 지음, 에코리브르) / 『지식의 반전』(존 로이드, 존 미친슨 지음, 해나무) / 『의심많은 교양인을 위한 상식의 반전 101』(김규회 지음, 끌리는책) / 말라리아, 서울대학교병원 의학정보 / 웨스트나일열, 국가건강정보포털 의학정보 / 황열, 질병관리청 감염병포털 / 「지구상 가장 위험한 동물, 모기」(《브릿지경제》, 2018.06.06) / 「수컷 모기도 피를 빤다?」(《뉴스톱》, 2020.07.08) / 「19C 후반 파나마운하 공사 '황열' 전염 일꾼들 죽어 실패」(《문화일보》, 2002.12.04) / 「키 큰 뚱보, O형이 모기에 잘 물리는 까닭」(《중앙일보》, 2017.07.23) / 「모기는 O형 피를 좋아한다」(《국민일보》, 2016.07.27)

3
SCIENCE

실수와 오해가 부른 의학 이야기

수술복이 초록색인 이유

의학 드라마를 보면 의사들이 흰 가운을 걸치고 회진을 도는 장면이 자주 등장한다. 우리가 '의사' 하면 흔히 떠올리는 이미지도 흰색 가운을 입고 목에 청진기를 두른 모습이다. 그런데 흰색 가운을 입고 있던 의사들이 수술실에 들어갈 때는 스크럽(Scrub)이라는 초록색 혹은 청색 수술복을 입는다. 스크럽의 사전적 의미는 '비눗물과 솔로 문질러 씻다'라는 뜻으로, 즉 수술복에는 수술 전에 손을 씻는다는 의미가 들어 있는 것이다. 흰색 가운을 입고 있던 의사들이 수술할 때는 초록색 수술복을 입는 까닭은 무엇일까?

의사들이 처음부터 초록색 수술복을 입은 것은 아니다. 수술복 변천사에는 흥미로운 점들이 많은데, 그것이 그림에 잘 남아 있다. 미국의 대표적 사실주의 화가인 토머스 에이킨스(Thomas Eakins, 1844~1916)가 1875년에 그린 〈그로스 클리닉(The Gross Clinic)〉을 보면 그림 속 의사들은 정장을 입고 수술을 한다. 이때만 해도 의사들은 그저 본인이 입은 옷에 앞치마 하나 걸치고 수술실에 들어갔다.

현대인의 관점에서 보면 입던 옷 그대로 소독도 안 하고 수술한다는 것은 세균 감염으로 더 큰 위험을 초래할 수 있는 행동이다. 그러나 당시에는 위생과 살균에 대한 개념이 부족했기에 평상복을 입은 채로 수술했다.

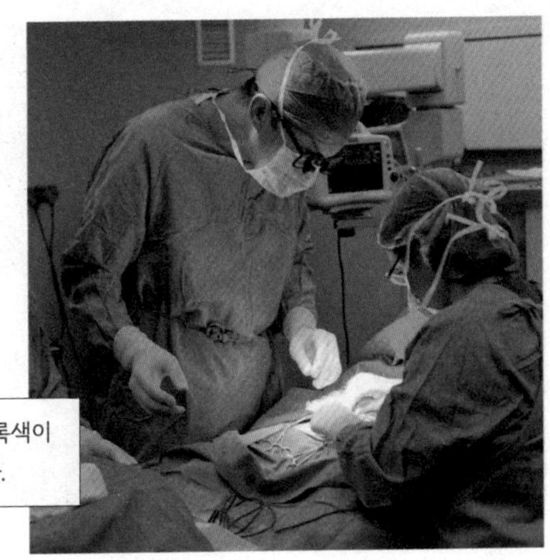

의사들은 수술할 때 초록색이나 청색 수술복을 입는다.

에이킨스의 1889년 작품 〈애뉴 클리닉(The Agnew Clinic)〉이라는 그림에서는 수술하는 의사들이 흰옷을 입고 있다. 흰색은 이물질이 묻으면 쉽게 눈에 띄기 때문에 옷을 통한 세균 전파를 예방하기 쉽다는 장점이 있다. 평상복 그대로 수술하는 것보다는 한 단계 발전한 모습이다. 공식적으로 하얀색 가운을 입자고 주장한 사람은 20세기 초 뉴욕대학교 외과 의사였던 마크 호츠버그(Mark Hochberg)였으며, 20세기 중반에야 의사들의 흰색 가운이 보편화되었다.

1950년대에 접어들면서 의사들의 흰색 수술복은 초록색이나 청색으로 바뀌기 시작했다. 의사들이 초록색 수술복을 입는 이유는 눈과 관련이 있다. 우리 눈은 생각보다 착각을 많이

토머스 에이킨스의 〈애뉴 클리닉〉

하는 기관이다. 어떤 색을 계속 쳐다보다가 하얀 벽이나 종이로 갑자기 시선을 돌리면 하얀색이 아닌 다른 색이 눈앞에 아른거린다. 이런 현상을 보색잔상이라고 하는데, 원래 쳐다보던 색과 보색이 되는 색이 느껴지기에 이런 이름이 붙은 것이다. 수술복 색상이 초록색인 까닭이 바로 이 보색잔상 현상을 줄이려는 것이다.

우리 눈이 색상을 인식하는 것은 눈에 있는 원추세포 덕분이다. 원추세포는 망막 위에 존재하는 시세포로, 색깔을 구별하게 해준다. 이 원추세포는 크게 세 종류가 있는데 각각 적색, 녹색, 청색을 담당해 인식한다. 수술실 같은 강한 조명이 있는 환경에서 붉은색 피를 오랫동안 쳐다보면 세 가지 원추세포 중에서 적색을 담당하는 원추세포가 빨리 피로를 느낀다. 반면 녹색이나 청색을 담당하는 원추세포는 비교적 일을 덜했으므로 생생한 상태를 계속 유지할 수 있다. 이렇게 한 색상을 오래 보면 그 색상을 담당하는 원추세포가 다른 원추세포들에 비해 빨리 피로해지고, 보색잔상이 나타나는 것이다.

대부분 수술에는 출혈이 불가피한데 의사가 강한 조명 아래서 오랫동안 수술하면서 붉은 피를 계속 보다가 하얀 가운을 입은 동료 의사나 간호사를 바라보면 빨간색과 보색인 초록색의 잔상이 남게 된다. 이 잔상은 의사의 시야를 혼동시켜 집중력을 떨어뜨릴 수 있으므로 잔상을 느끼지 못하도록 수술실에서는 초록색 가운을 입게 된 것이다.

초록색은 눈의 피로를 덜어주는 색이라고 알려져 있다. 눈의 망막은 간상세포(간상체)와 원추세포(추상체)의 시세포로 구성되어 있다. 간상세포는 명암을, 원추세포는 색채를 인식한다. 초록색은 빨간색에 비해 명도와 채도가 낮아서 명암을 인식하는 간상세포를 자극하지 않고도 원추세포에 비교적 쉽게 자극을 준다. 따라서 우리 눈은 초록색을 다른 색보다 편하게 인식하는 것이다. 이러한 초록색의 특성이 수술복이 초록색이 된 까닭 중 하나다.

현대인은 컴퓨터와 스마트폰, 문서 작업 등으로 눈을 혹사한다. 일이나 공부를 하다가 눈이 침침해졌다면 푸르른 풀과 나무를 보며 잠시 쉬는 것은 어떨까. 초록색이 우리 마음과 눈의 피로를 덜어주니 말이다.

참고 자료

토머스 에이킨스, 두산백과 / 원추세포, 두산백과 / 간상체, 색채용어사전 / 추상체, 색채용어사전 / 「수술복 색깔이 녹색인 이유?」(《YTN사이언스》, 2017.05.23) / 「수술복은 왜 초록색일까요?」(《한국농어민신문》, 2008.05.27) / 「수술복이 청록색인 이유는?」(《사이언스타임즈》, 2006.04.05) / 「의사 선생님 가운은 왜 하얀색이고, 수술복은 왜 청색일까? 의사복의 비밀」(서울시교육청블로그, 2019.06.12) / 「文케어 직면 프레임 불리한 의사들」(《데일리메디》, 2017.08.25)

화학무기에서 항암제가 되기까지

'이독제독(以毒制毒)'이라는 한자 성어가 있다. 중국 당나라 때 신청(神淸)이 지은 『북산집(北山集)』에는 "훌륭한 의사는 독으로써 독성을 멈추게 한다"는 말이 나오는데 여기서 유래했다. '이독공독(以毒攻毒)'이라고도 하는 이 말은 독으로써 독을 공격한다는 뜻으로, 독성이 있는 약물로 질병을 치료하거나, 악(惡)을 물리치는 데 다른 악을 이용하는 것을 말한다. 현대 의학에서도 이렇게 독성을 이용하여 병을 치료하는 경우가 있다. 아직 인류가 정복하지 못한 난치병의 대명사인 암도 독으로 처음 치료를 시작했다.

인명 피해가 컸던 제1차 세계 대전 시기에 많은 독가스가 사용되었다. 총이나 대포 같은 큰 소리는 없었지만, 그래서 더욱 사람들을 공포에 떨게 했다. 그 당시 악명이 높았던 독가스 중 황산겨자(sulphur mustard)로 만든 '겨자가스'가 있었다. 겨자로 만든 것은 아니지만 터지면 겨자 냄새가 난다고 하여 겨자가스라 불렸다. 겨자가스에 노출되면 화상을 입은 것처럼 피부가 벗겨지고 물집이 생겼으며 심하면 사망에 이르렀다. 유대인을 잔인하게 학살한 아돌프 히틀러(Adolf Hitler, 1889~1945) 또한 겨자가스에 노출된 적이 있는데, 그가 쓴 『나의 투쟁』에는 "눈이 타는 듯 아팠다"면서 일시적으로 실명했다는 내용이 있다.

제1차 세계 대전이 끝난 후 1925년 제네바에서 의정서가 체결되었다. 이는 화학무기 사용을 금지한 다자간 조약이었다. 화학무기금지조약과 달리 제네바 의정서는 생산과 보유, 이동은 금지하지 않았기에 화학무기를 만들어 보유해도 문제가 되지 않았다. 이로써 겨자가스 연구가 계속되어 황산겨자보다 더 강력한 '질소겨자(nitrogen mustard)'가 개발되었고, 독일과 미국은 이를 대량 생산해 비축했다.

1939년에 제2차 세계 대전이 일어났을 때, 미국은 제1차 세계 대전 때 경험한 독가스가 다시 사용될 것에 대비해서 해독제를 개발하고자 했다. 연구자들은 해독제 개발 중 피부에 흡수된 겨자가스 성분이 골수와 림프 조직도 손상시킨다는 것을 발견하고, 이 증상을 정반대로 응용했다. 골수와 림프 조직의 암인 백혈병이나 임파암을 질소겨자로 공격해 치료하려 한 것이다. 그래서 임파암에 걸린 쥐에게 질소겨자를 주사해서 실험했는데, 임파암이 치료되었다. 1942년 여름에 환자 67명에게 임상 시험을 진행했는데, 지나친 부작용 때문에 '약이라기보다는 독'이라는 결론을 내리고 연구를 중단했다. 이 연구는 비록 실패했지만, 이때 사용된 질소겨자는 화학요법의 역사를 연 최초의 항암제 머스틴(mustine)이었다.

겨자가스는 암 관련 연구에는 실패했지만 화학무기로서 가치는 여전했고, 미국은 원료 물질인 질소겨자를 'HN2'라는 암호명을 붙여 비밀 군수물자로 보관했다. 영원히 비밀로 묻힐 뻔한 이 일은 1943년 독일 전투기가 이탈리아 나폴리 인근 바리항의 수송선들과 항만 시설을 공습하면서 세상에 알려졌다. 하필 HN2를 수송하던 미국 배가 피격된 것이다. 무게로만 100톤에 이르는 HN2가 바다로 흘러 들어갔고, 이를 알지 못했던 병사들이 바다로 뛰어내리면서 가스에 노출되었다. 물에 빠진 병사들은 자기도 모르는 사이 독가스에 중독되어 피가 멎지 않고 골수 기능이 저하되는 증세를 보였다.

1943년 바리항 공습

이때 가스에 노출된 옷을 벗고 몸을 씻어내면 2차 중독을 막을 수 있었다. 하지만 이런 사실은 겨자가스 연구가 철저하게 비밀로 진행되었기 때문에 알려지지 않았다. 당시 군의관 알렉산더 대령은 환자들에게 나타난 이상증세를 상부에 보고했지만 수뇌부는 이를 알고도 모른 척했다.

겨자가스에 노출된 병사들의 몸에서는 피가 계속 흘렀다. 가스가 백혈구 수를 감소시켜 피가 멎지 않은 것이다. 암은 백혈구를 증식하게 만드는 병이기 때문에 연구원들은 이 점에 착안해 HN2의 암 치료 가능성을 보았다. 이에 주목한 사람 가운데 질소겨자를 연구한 화학전 부서의 부서장이었던 병리학자 코넬리스 로즈(Cornelius P. Rhoads, 1898~1959)가 있었다.

전쟁이 끝나고 화학전 부서는 해체되었지만, 로즈는 이때 쌓은 연구 지식을 바탕으로 항암제 개발에 착수했다. 그래서 부유한 사업가인 알프레드 슬론(Alfred P. Sloan)과 찰스 케터링(Charles Kettering)의 지원을 받아 연구소를 설립했다. 그 연구소가 뉴욕에 있는 슬론-케터링 기념 암센터(Memorial Sloan-Kettering Cancer Center)의 전신이다.

질소겨자는 암 치료에 사용하기에는 너무 부작용이 컸기에 독성이 적은 약물을 개발하려는 노력이 계속되었다. 그 결과 항암제로 멜파란(melphalan, 1953), 클로람부실(chlorambucil, 1953), 사이클로포스파마이드(cyclophosphamide, 1957) 등이 개발되었다. 항암제의 원조라 할 수 있는 이들은 모두 겨자가스의 후손인 셈이다. 인류를 공포에 떨게 한 독가스인 겨자가스가 암 정복의 첫걸음이었다.

참고 자료

이독공독, 두산백과 / 「독가스에서 항암제까지」(《메디포뉴스》, 2011.05.04) / 《디아트리트(Dia-Treat)》(2011. 02) / 「우연히 노출된 겨자가스, 백혈병 치료제 '첫발'」(《국방일보》, 2017.04.12) / 「독가스에서 시작된 항암제 연구」(《사이언스타임즈》, 2016.09.12) / 『인류를 구한 12가지 약 이야기』(정승규 지음, 반니)

사람을 죽이는 색, 셸레 그린

자연을 상징하는 초록색, 그 이면에는 숨겨진 정체가 있다. 19세기 인상파 화가 폴 세잔(Paul Cézanne, 1839~1906)의 당뇨, 클로드 모네(Claude Monet, 1840~1926)의 실명, 빈센트 반 고흐(Vincent van Gogh, 1853~1890)의 정신병은 이것을 즐겨 사용한 결과였다. 정복자 나폴레옹(Napoléon Bonaparte, 1769~1821)도 이것 때문에 방 안에서 죽어갔다. 이들을 병마와 죽음으로 몰고 간 범인의 정체는 바로 '셸레 그린, 초록색'이다. 1800년대를 휩쓴 침묵의 살인자, 사람을 죽이는 색, 셸레 그린. 아름다운 초록색 뒤에 숨겨진 무서운 비밀을 알아보자.

녹색 하면 떠오르는 대표적인 것이 나무와 풀, 꽃의 잎사귀다. 녹색은 푸른 자연 속에서는 말할 것도 없고, 도시에서 생활하는 현대인에게도 집 앞 공원에서, 길가의 가로수에서, 마당의 작은 텃밭에서 자주 접하는 친숙한 색이다. 자연물만이 아니라 신호등, 표지판 등의 인공물에서도 쉽게 볼 수 있다. 신호등의 초록불은 위험을 알려주는 빨간불과 대비되어 안정을 상징하고, 나무와 풀이 많은 공원은 쉼과 평화로움을 안겨준다. 안정, 쉼, 평화는 초록색이 나타내는 대표적 상징이다.

그런데 이런 초록색에는 또 다른 얼굴이 있다. 바로 셸레 그린이다. 셸레 그린은 19세기 유럽에서 선풍적인 인기를 끌었으며 물감, 벽지, 옷, 장신구 등 다양한 분야에 흔히 쓰였던 녹색 안료이다.

나무가 울창한 숲을 떠올리게 하는 선명한 초록빛 셸레 그린은 비소를 연구하던 스웨덴의 과학자 칼 빌헬름 셸레(Carl

Wilhelm Scheele, 1742~1786)가 1775년 녹색 화합물 비산구리를 발견한 데서 유래했다. 셸레는 이 초록색에 자신의 이름을 따 '셸레 그린'이라는 이름을 붙였다. 자연에 존재하지 않는 이 아름답고 신비로운 색은 곧바로 인기를 얻어 원단, 벽지, 종이, 염료, 음식 색소 등으로 널리 쓰였다. 그런데 이 아름다운 색상이 사람에게 미치는 영향은 치명적이었다. 특히 셸레 그린을 즐겨 사용한 19세기 인상파 화가들에게는 큰 영향을 주었는데, 많은 인상파 화가가 당시 물감에 쓰였던 수은, 납, 비소 등에 중독되었다는 분석이 있다.

셸레 그린을 발견한 칼 빌헬름 셸레

세잔은 만성 비소 중독으로 당뇨병을 앓았고, 모네는 눈이 멀었다. 특히 정신병을 앓았던 반 고흐가 자주 사용했던 화사한 에메랄드빛 녹색은 구리와 비소 성분이 농축되어 독성이 매우 강했다. 반 고흐의 광기가 극에 달했을 때 그는 물감을 직접 먹기도 했다. 이런 점을 고려해보면 이들이 비소에 중독되었다는 견해는 신빙성이 더욱 높아진다.

그렇다면 비소는 무엇인가? 비소는 주로 화합물 형태로 여러 광물에 포함되어 있는 회색의 준금속 물질이다. 비소와 비소 화합물은 살충제, 목재 방부제, 제초제 등으로 널리 사용되었고 매독 치료제나 합금 첨가제 등으로도 쓰였다. 오늘날에는 급성 골수성 백혈병 치료제나 반도체 화합물을 만드는 데도 사용되는 등 다양한 곳에서 쓰이는 물질이다.

그러나 대부분 비소 화합물은 독성이 강하며 일부는 발암물질이다. 비소 화합물이 일시에 다량으로 체내에 들어가면 심한 통증, 구역질, 구토, 설사, 토혈, 하혈 등의 증상이 나타나고 그 후 마비, 의식장애를 일으켜 사망에까지 이를 수 있다. 또한 비소 화합물을 장기간에 걸쳐 흡입하면 구토·설사 등 소화기 증세, 신경마비·지각이상 등 신경 증세, 탈모·색소 침착 등 피부 증세가 나타난다. 이러한 비소의 독성을 이용해 사람의 목숨을 빼앗기도 했는데, 대표적인 사례가 조선시대 사약이다. 사약의 정확한 제조법이 남아 있는 문헌 기록은 없으나 『조선왕조실록』에는 성종(재위 1469~1494)이 폐비 윤씨를 사사할 때 비상을 사용했다는 기록이 있다. 여기서 쓰인 비상이 비소 화합물인 삼산화비소다.

다시 셸레 그린으로 돌아가보자. 19세기 초에는 영국의 거의 모든 주택에서 녹색 벽지가 쓰였다. 또한 1800년대 중반 영국의 빅토리아 여왕(Alexandrina Victoria, 재위 1837~1901)과 프랑스의 외제니 황후(Eugénie de Montijo, 나폴레옹 3세의 부인, 1826~1920)가 선명한 초록색 드레스를 입은 것을 기점으로 귀부인들 사이에서 초록색 드레스는 선풍적 인기를 끌었다. 그런데 어느 날부터 사람들이 이유도 없이 쓰러지기 시작했다. 그래서 "녹색 옷을 입으면 단명한다"는 막연한 소문이 나돌기도 했다. 그것은 셸레 그린이라는 염료에 치사량이 넘는 비소가 함유되었기 때문이다.

하지만 당시 사람들은 비소의 위험성을 몰랐다. 기록에 따르면 셸레 그린이 유행했을 당시, 일주일 동안 영국에서만 셸레 그린이 2톤이나 생산되었다. 한편 셸레 그린은 파리의 지저분한 하수구에 서식하는 쥐를 잡는 데도 사용되었다. 이러한 까닭으로 셸레 그린은 '파리 그린(Paris green)'이라는 오명까지 얻었는데, 하수구의 쥐들을 쫓아낼 정도라니 셸레 그린의 독성이 얼마나 강했는지를 짐작해볼 수 있다.

셸레 그린과 관련해 또 한 사람의 죽음이 있다. 프랑스 혁명 정신을 곳곳에 전파하여 유럽에서 자유주의와 민족주의를 불러일으킨 나폴레옹 보나파르트다. 20세기 말쯤에 와서야 그의 죽음이 셸레 그린과 관련되어 있다는 사실이 드러났다. 나폴레옹의 공식 사인은 위암으로 알려져 있다. 나폴레옹은 1821년 유배지였던 세인트헬레나섬에서 51세에 생을 마감했다.

그런데 나폴레옹은 유언으로 자기 시신을 해부하라는 말을 남겼다. 사망 후 다음 날 의사 7명이 그의 유언대로 시신을 해부했고, 부검을 마친 의사들은 약간의 의견 차이가 있었지만 나폴레옹이 위암 계통의 병으로 죽었다는 결론을 내렸다. 나폴레옹의 부검 소견을 기록한 문헌을 보면 위에서 종양이 발견되었는데, 그 크기가 10센티미터에 달했다. 의사들은 이렇게 큰 종양은 위궤양이나 양성인 경우는 드물고 암일 가능성이 높다고 판단했다. 그래서 나폴레옹의 공식 사인이 위암으로 알려진 것이다.

이것으로 나폴레옹 이야기는 역사 속에 묻히는 듯했다. 그런데 나폴레옹이 죽은 지 100년도 훨씬 더 지난 1995년 어느 날, 스웨덴의 치과 의사 퍼슈훗은 나폴레옹의 수석 시종장이었던 마르샹의 수기를 읽다가 이상한 점을 발견했다. 나폴레옹이 죽기 직전에 보인 증상이 이상했던 것이다. 마르샹의 수기에 따르면, 나폴레옹은 죽기 전에 '쏟아지는 졸음과 불면증의 반복, 다리가 부어오르는 증세, 한 움큼씩 빠지는 머리카락……' 등의 증상을 보였는데 이것은 만성 비소 중독 증상이었다.

퍼슈홋은 기록을 검토해 나폴레옹에게서 비소 중독에 따른 징후를 20가지 이상 발견했다. 그는 나폴레옹이 유품으로 남긴 머리카락에 함유된 비소의 양이 현대인의 비소 양보다 40배나 많다는 것을 알아냈다. 그리고 이를 근거로 나폴레옹 독살설을 제기했다. 또한 머리카락의 방사선 분석에 따른 비소 함유량 추이와 나폴레옹의 병상 일지에 따른 증세 변화를 비교한 뒤 나폴레옹이 비소에 중독된 것은 세인트헬레나섬에 유배된 1815년부터였다는 사실도 밝혀냈다.

그렇다면 누군가 나폴레옹을 비소에 중독시켜 '독살'하려고 했을까? 아이러니하게도 나폴레옹을 죽음으로 몰고 간 암살자는 세인트헬레나섬에 있는 나폴레옹 집의 벽지였다. 그의 방 벽지는 셸레 그린 색소가 첨가된 초록색이었다. 벽지는 섬의 눅눅한 습기와 화학반응을 일으켜 맹독성 비소를 끊임없이 내뿜은 것이다. 나폴레옹은 공기에 섞여 있던 비소를 자신도 모르는 사이 오랜 시간 들이마셨고, 결국 비소에 중독되어 죽고 만 것이다. 나폴레옹도 셸레 그린에 죽임을 당한 셈이다.

녹색은 예부터 자연과 생명의 상징이었다. 그러한 이미지는 지금까지도 남아 있다. 그러나 다른 한편으로는 오늘날 영화, 만화, 게임 등의 매체에서 초록색으로 표현되는 독극물을 빈번하게 볼 수 있다. 어느새 녹색이 독과 위험을 상징하는 색이 된 것이다. 이러한 이미지 변화에 셸레 그린이 큰 영향을 주었다. 1800년대 수많은 사람의 목숨을 앗아간 죽음의 색 셸레 그린은 지금까지도 침묵의 살인자로 불리고 있다.

참고 자료

『컬러의 말』(카시아 세인트 클레어 지음, 윌북) / 『돌팔이 의학의 역사』(리디아 강, 네이트 페더슨 지음, 더봄) / 『세상을 바꾼 독약 한 방울 1』(존 엠슬리 지음, 사이언스북스) / 『상위 5%로 가는 화학교실 2』(신학수, 김용완 지음, 스콜라) / 비소, 두산백과 / 비소 중독, 두산백과 / 비소, 화학백과 / 『조선왕조실록』(성종실록 144권, 성종 13년 8월 16일)

우는 아이 달래는 마법 시럽의 정체는?

어린아이가 있는 가정이라면 누구나 우는 아이를 달래느라 애먹은 적이 있을 것이다. 아이가 어리면 어릴수록 부모의 손길이 더 필요하다. 그렇기에 육아 부담과 고민은 시대와 나라를 불문하고 공통된 것이다. 사회적 지위가 높거나 돈이 충분한 사람들은 아이를 대신 돌봐줄 보모를 고용하여 그 부담을 나누기도 했다. 그런데 19세기 미국에서는 부모의 육아 부담을 덜어줄 획기적 약물이 등장했다. 우는 아이를 바로 그치게 하고, 언제든 빠르게 재워주는 '마법의 시럽'이었다.

아이를 키우는 집이라면 누구나 사용할 만큼 큰 인기를 끌었던 이것은 '윈슬로 부인의 진정 시럽'이었다. 그 정체가 무엇이길래 마법의 시럽으로 불렸을까?

1849년 간호사 출신인 미국인 샬롯 윈슬로(Charlotte N. Winslow) 부인은 젖니 때문에 아파하는 손주를 위해 치료제를 연구했다. 그리고 간호사로 일하면서 쌓은 지식과 오랜 연구 덕에 손주의 통증을 덜어줄 진정 시럽을 만들어냈다. 이 진정 시럽은 통증을 없애줄 뿐만 아니라 아이들을 마법처럼 재우는 효과까지 있어서 큰 인기를 끌었다. 일종의 진통제나 수면 유도제 같은 효과인 것이다.

현대인의 시선으로 본다면, 이러한 약품을 아이들에게 무

윈슬로 부인의 진정 시럽을 홍보하는 그림

분별하게 먹이면 위험하다는 것을 안다. 하지만 당시 사람들은 그런 생각을 못했고, 대중매체 또한 약의 위험성보다는 약효에 집중했다. 진정 시럽을 먹이면 얼마나 좋은지 극찬하는 기사가 쏟아졌다. 영국의 작곡가 에드워드 엘가(Edward Elgar, 1857~1934)는 윈슬로에게 헌정하는 〈윈슬로 부인의 진정 시럽〉이라는 곡을 썼다. 진정 시럽의 효과를 본 사람들은 윈슬로를 '고통의 해방자'라며 추앙하기에 이르렀다.

윈슬로 부인의 진정 시럽은 일반 가정뿐 아니라 보육원이나 병원에서도 자주 쓰였다. 1860년대 남북전쟁이 터진 이후에는 심각한 부상을 입은 군인들이 진통제 대용으로 사용했다. 그런데 윈슬로 부인의 진정 시럽이 널리 쓰이게 된 이후 곳곳에서 문제가 터져나왔다. 진정 시럽을 사용한 가정의 아이들이 혼수상태에 빠지거나 심장마비로 세상을 떠난 것이다. 하지만 누구도 진정 시럽을 의심하지 않았다. 19세기에는 갖은 질병과 가난 등으로 아동 사망률이 매우 높았으므로 그 또한 단순 질병에 따른 사망으로 여겼을 뿐이다.

그러나 문제의 원인은 시럽의 성분에 있었다. 윈슬로 부인의 진정 시럽에는 모르핀이나 알코올 등이 포함되어 있었다. 모르핀은 아편의 주성분으로, 진통 효과가 강한 마약성 약물이다. 많은 양을 복용하면 호흡률이 낮아지고 혼수상태에 빠질 수 있으며 심하면 사망할 수 있는 위험한 약물이다. 부모에 의해 진정 시럽을 남용한 아이들은 마약에 중독된 줄도 모른 채 서서히 죽어갔다. 진정 시럽이 쓰인 19세기 미국에서는 아편이나 모르핀 등 마약 성분 약물들이 보편적으로 사용되었다. 마약성 약물들의 위험성이 아직 알려지지 않았기에 의사들은 오히려 여러 질병의 치료제로 권장할 정도였다. 그래서 윈슬로 부인도 모르핀의 진통과 수면 유도 효과만 고려하여 시럽을 만든 것이다.

심지어 1963년에는 코카인이 함유된 와인인 '빈 마리아니'가 출시되기도 했다. 코카인은 코카식물의 잎에서 추출한 물질로, 먹으면 행복감과 도취감이 들게 하는 마약의 일종이다. 그래서 코카인이 함유된 와인은 몸에 활력이 돌게 하는 음료로 널리 사랑받았다. 발명가 토머스 에디슨(Thomas Alva Edison, 1847~1931)이나 교황 레오 13세(재위 1878~1903)를 포함한 많은 유명인사가 즐겨 마셨다. 약품만이 아니라 일반 음료에까지 마약성 물질이 널리 사용되었다는 것은 당시 사람들이 마약의 위험성을 전혀 인식하지 못했다는 사실을 증명한다.

20세기 초에 마약류의 위험성이 서서히 드러났다. 1911년에 이르러서야 미국 정부는 진정 시럽을 위험 약물로 규정하고 판매를 금지했다. 진정 시럽은 아이들을 돌보는 마법의 약이 아니라 마약이었던 것이다. 같은 시기에 무분별하게 사용되던 다른 마약성 약물들도 진정 시럽과 함께 금지되었다. 그러나 아직 마약의 위험성을 인지하지 못한 많은 사람이 그 같은 결정에 반발했고, 진정 시럽은 수년 동안이나 더 사용되기도 했다.

윈슬로 부인의 진정 시럽은 무지에서 비롯해 부모가 자기 자식을 죽음으로 내몬 비극적인 제품이었다. 많은 아이가 이 약을 먹고 잠들어 깨어나지 못했다. 불과 100여 년 전에 일어난 사건이지만, 지금도 또 다른 진정 시럽 같은 비극이 되풀이되고 있을지 모른다. 고통을 쉽게 잊고, 아이들을 쉽게 재우는 방법도 중요하지만 무엇보다 중요한 것은 아이들의 건강에 어떤 영향을 미치는가이다. 요즘 같은 건강 우선주의에서는 자칫 건강을 유지하려고 먹는 많은 약에서 오는 진정 시럽 같은 악영향을 경계할 필요가 있다.

참고 자료

「Pharmacytimes, Pharmacys Past: The Soothing Syrup Known for Causing Death in Thousands of Babies」(《Karen Berger》, 2019.03.22) / 모르핀, 약학정보원 약학용어사전 / 모르핀, 식품의약품안전처 식품의약품안전평가원 독성정보 / 코카인, 식품의약품안전처 식품의약품안전평가원 독성정보 / Vin Mariani, Wikipedia / 「'서프라이즈' 윈슬러 부인의 진정 시럽, 자취를 감추게 된 이유는?」(《스타투데이》, 2013.10.13)

건강검진이라 속이고 벌어진 역사상 최악의 인체 실험

제2차 세계 대전 중 나치 독일의 의사와 과학자들은 비인간적인 인체 실험을 자행했다. 종전 후 열린 뉘른베르크 전범 재판에 회부된 그들은 다른 전범들과 같이 유죄 판결을 받았다. 1947년 재판부는 인체 실험에 대한 윤리적 기준을 정한 강령을 제정했다. 무분별한 인체 실험을 막고 피험자의 안전과 권리를 보호하는 '뉘른베르크 강령'이다. 이 강령은 1964년 세계의사회(The World Medical Association)의 헬싱키 선언으로 이어져 지금까지도 인체를 대상으로 하는 의학 연구에서 원칙이 되고 있다.

새로운 치료법이나 약이 사람에게 어떤 영향을 주는지 정확하게 아는 것은 매우 중요한 일이다. 이를 위해 오랜 기간 임상 시험을 하며 정확한 효과부터 부작용까지 철저하게 검증하게 된다. 사람에게 직접 시험해보기 전에 충분한 동물 실험을 거쳐야 하는 것은 물론이다. 제2차 세계 대전 동안 시행된 나치의 생체 실험이 비난받는 이유는 피험자의 의사와 안전을 전혀 고려하지 않은 반인륜적 실험이었기 때문이다.

그런데 미국에서도 비인간적인 생체 실험이 진행된 적 있다. 바로 '터스키기 매독 생체 실험'이라 불리는 비극적인 사

피험자의 혈액을 채취하는 의사

건이다.

1930년대 미국 앨라배마주 메이콘카운티의 터스키기라는 지역에는 비교적 가난한 삶을 살아가는 흑인 소작농들이 많이 살고 있었다. 미 연방정부 산하 공중보건국(Public Health Service)에서는 이들을 대상으로 매독을 치료하지 않고 방치하면 어떠한 증상과 경과를 보이는지를 실험하기 위해 1932년부터 1972년까지 40년 동안이나 이들을 속이고 연구를 진행했다.

매독은 트레포네마팔리덤(Treponema pallidum)이라는 매독균에 감염되어 생기는 염증성 질환이다. 이는 주로 성 접촉으로 감염되거나 매독균에 감염된 여성이 임신했을 때 태아에게 전염된다.

이 연구에서는 터스키기에 사는 매독 환자 399명과 건강한 비감염 대조군 201명이 실험 대상이 되었다. 그들은 25세에서 60세 사이의 가난한 흑인 남성으로 대부분 문맹이었다. 정보에 취약한 계층이다 보니 속이는 것은 어렵지 않았다. 공짜로 건강검진을 해준다며 대상자를 솎아냈고, 빈혈과 피로증을 치료해준다는 말로 속여 동의서를 받아냈다. 실험에 참여하면 의료 서비스와 식사가 무료로 제공되었기 때문에 가난한 피험자들은 거절할 이유가 없었다.

일부러 매독을 치료하지 않고 방치하여 이 병의 진행 경과를 세세히 파악하는 연구였으므로, 그 과정에서 희생자가 발생하는 것은 당연했다. 대상자 600명 중 7명이 매독으로 사망했고, 154명이 관련 합병증으로 사망했다. 또한 실험 기간 중 선천성 매독에 걸려 태어난 아기도 19명에 달했다. 피험자가 매독을 치료하지 못해 사망한 경우, 그 가족에게 지급되는 장례 비용이 보상의 전부였다. 그것마저 부검을 진행하는 조건이 붙었다.

공중보건국은 피험자들에게 연구의 목적이나 질병에 대한 정확한 정보를 알려주지 않았고, 올바른 치료 또한 제공하지 않았다. 피험자들은 마지막까지 자신들이 제대로 치료를 받지 못했다는 사실을 전혀 알아채지 못했던 것이다.

연구가 진행되던 1947년, 페니실린이 매독 치료에 매우 효과적이라는 사실이 밝혀졌다. 효과적인 치료제가 새로 개발되었다면, 병의 경과를 관찰하고 있었더라도 환자들을 치료하는 것이 윤리적으로 옳은 일이다. 그러나 이 연구의 담당자들은 일부러 대상자들을 치료하지 않은 상태에서 실험을 계속 진행했다. 피험자 중 일부가 페니실린 소식을 듣고 연구진에게 페니실린을 처방해달라고 요구하는 경우도 있었다. 그럴 때마다 연구진은 생리식염수를 주사해주고 페니실린이라고 속이며 실험을 계속했다.

이 비윤리적인 실험은 내부고발자의 양심 고백으로 전모가 드러났다. 1966년 공중위생국의 성병 조사원이었던 피터 벅스턴(Peter Buxtun)은 터스키기 연구의 실상을 알게 되었고, 이 실험의 도덕성을 우려하는 편지를 성병 분과 책임자에게 보냈다. 그러나 미국의 질병통제센터는 모든 피험자가 사망할 때까지 연구를 계속해야 한다는 태도를 고수하며 벅스턴의 문제 제기를 묵살했다. 결국 그는 1972년 7월 터스키기의 연구 내용을 언론에 알렸고, 그 내용이《뉴욕타임스》1면 기사로 실리게 되면서 비윤리적 실험은 종료되었다.

이 사건을 계기로 국가조사위원회가 설치되었고, 모든 의료기관에는 임상시험심사위원회를 의무적으로 설치하도록 하는 법률이 제정되었다. 피해자들은 정부를 상대로 소송을 제기하여 배상금으로 총 900만 달러를 받았다. 1997년에는 빌 클린턴 대통령이 생존자 5명을 백악관으로 초청해 공식적으로 사과하고 모든 치료과정을 정부에서 책임지기로 약속했다.

치료제를 개발하고 질병을 정복하는 데 임상 시험은 반드시 필요한 절차다. 그러나 그 과정에서 우리는 종종 편익과 윤리의 충돌을 경험한다. 그럴 때마다 터스키기 매독 실험이 주는 교훈을 떠올려야 한다. 연구자들은 생명의료윤리를 잊지 말고 피험자들도 존중받아야 할 인격체임을 상기하자. 우리는 언제나 부끄러운 과거를 기억하여 올바른 방향으로 나아가야 하겠다.

참고 자료

「과학과 범죄: 터스키기 매독 연구(TUSKEGEE SYPHILIS STUDY)」(《건강사회를 위한 약사회》, 2011.03.22) / 터스키기 연구와 클린턴의 사과(임재준 글, 《중앙일보》, 2019.05.29) / 「터스키기 매독사건과 모자생존촉진연구(PROMIS)」(한창호 글, 《민족의학신문》, 2014.08.14) / 「매독 생체실험 밝힌 한 역사학자의 집념」(《동아사이언스》, 2010.10.11) / 「터스키기 실험 사건의 역사적 기원-미국 공중보건의 딜레마」(박진빈 글, 《Korean Journal of Medical Science》, 2017.12.05) / 「터스키기 매독 실험–부끄러운 역사를 대면해야 하는 이유」(소피아 글, 보스톤 코리아, 2016.02.01) / 「매독, 거짓말, 그리고 플라시보 효과…… '헬싱키 선언'의 고민」(김상기 글, 《라포르시안》, 2013.02.19) / 뉘른베르크 강령, 두산백과 / 헬싱키 선언, 두산백과

파라핀부터 실리콘까지 가슴 확대 수술의 역사

전쟁은 인류 역사와 떼려야 뗄 수 없는 관계다. 전쟁은 많은 죽음과 고통, 슬픔을 야기하기도 하지만 때로는 발전의 원동력이 되기도 한다. 현재 우리 생활 가까이에서 사용되지만 그 시작은 전쟁이었던 것들도 많다. 대표적으로 전자레인지, 트렌치코트, 보잉 선글라스 등이 있으며 항암제 또한 제1차 세계 대전에서 쓰였던 독가스로 시작되었다. 오늘날 성형 수술이나 산업현장에서 많이 쓰이는 실리콘도 전쟁에서 시작되었다. 실리콘이 가슴 확대 수술에 처음 쓰이게 된 것 또한 전쟁 시기였다.

실리콘은 모래와 점토에 흔히 있는 규소라는 물질에 산소와 수소를 결합하여 만들어진다. 규소의 영어명이 실리콘(silicon)이기에 종종 규소의 고분자 화합물을 뜻하는 실리콘(silicone)과 혼동되기도 한다. 성형 수술 등에 주로 쓰여 우리에게 익숙한 '실리콘(silicone)'은 바로 이 고분자 화합물이다. 실리콘은 액체, 고체, 반고체로 만들 수 있으며 성형 수술뿐 아니라 윤활유, 광택제, 로션, 화장품 등 우리의 일상생활에 널리 쓰이고 있다.

실리콘이 처음 세상에 등장한 것은 1930년대였다. 미국의 코닝(Corring)사에서 유리를 만들 때 생기는 균열을 막기 위해 실리콘 수지를 연구하면서부터였다. 그러던 중 제2차 세계 대전이 일어나면서 실리콘은 전투기의 계기판을 밀봉하는 목적

실리콘 보형물

으로 군대에 납품되기 시작했다. 실리콘의 성능이 기대 이상이자 변압기 밀봉에도 쓰이게 되면서 군대에 널리 보급된 것이다.

군대에서 쓰이던 실리콘을 여성들의 가슴 확대 수술에 사용하게 된 것도 제2차 세계 대전의 영향이다. 전쟁이 끝난 후 미군이 주둔하던 일본에서 처음으로 실리콘을 가슴 확대 수술용으로 사용했다. 일본의 업소 여성들이 가슴이 큰 여성을 선호하는 미군들의 취향에 맞추기 위해 가슴 확대 수술을 받았는데, 이때 사용된 보형물이 실리콘이었다.

사실 여성들이 가슴을 확대하려고 보형물을 이식한 역사는 오래되어 1890년대까지 거슬러 올라간다. 당시 오스트리아의 의사 로버트 거서니는 주사로 여성들의 가슴에 파라핀을 주입했다. 파라핀은 원래 양초나 크레용의 원료로 쓰이는 것으로 사람 몸에 좋을 리가 없었다. 또한 파라핀은 열에 잘 녹다 보니 몸의 다른 부위로 이동하고 몸에도 안 좋아서 부작용을 호소하는 여성이 많았다.

1920년대 들어 의사들은 엉덩이나 복부에서 지방을 추출하여 가슴에 이식하기 시작했다. 지방은 자가 조직이기에 인체에 무해하다는 장점이 있었지만, 시간이 흐르면 다시 체내에 흡수된다는 문제점이 있었다. 또한 지방 흡수가 균일하게 일

스펀지를 가슴에 이식한 걸로
알려진 매릴린 먼로

어나지 않으면 가슴이 울퉁불퉁해지는 부작용이 있었다.

1930년대에서 1950년대에는 다양한 폴리에스테르계 물질이 성형 수술에 사용되었다. 심지어 나무, 연골 등의 재료로 수술하기도 했다. 미국의 유명한 배우 매릴린 먼로는 스펀지를 가슴에 이식했다고 알려져 있다. 하지만 이런 다양한 보형물은 인체 내부에서 굳거나 다른 질병을 유발하는 등의 부작용으로 역사에서 사라지게 된다.

그 뒤를 이은 것이 실리콘이다. 실리콘 수지는 비활성 물질이라 신체 조직과 이상 반응을 일으키지 않고, 물이나 열에도 변형되거나 변질되지 않는다. 그렇기에 공업용품으로 쓰이던 실리콘을 몸속에 넣을 생각을 한 것이다. 결국 일본에서 시작된 실리콘 가슴 성형 열풍이 1940년대 말에는 미국으로 이어졌고, 1950년대 말에는 토머스 크로닌 등이 가슴 확대 수술 방법으로 실리콘에 젤을 넣는 기술을 생각해낸다.

1963년 미국의 다우 코닝이라는 회사에서는 실리콘으로 된 껍질 안에 점성이 좋은 젤을 채워 넣은 가슴 성형용 보형물을 개발해 생산했다. 이는 기존에 있던 다른 가슴 보형물보다 안전하고 촉감도 자연스러워 큰 인기를 끌었다. 이것이 우리가 잘 아는 실리콘 보형물이다.

이렇게 전쟁을 향한 인간의 욕망과 아름다움을 향한 인간의 열망, 두 인간의 본능으로 의료용 실리콘이 개발되었다.

참고 자료

『포켓 속의 세계사』(장지연 지음, 미네르바) / 『아름다움의 발명』(테레사 리오단 지음, 마고북스) / 실리콘, 시사상식사전 / 실리콘, 화학용어사전 / 「가슴 확대 수술의 역사」(《한국경제》, 2010.01.13) / 「실리콘 비하인드 스토리」(심형보 글, 《헬스조선》, 2007.07.24)

해피벌룬과 마취제

스트레스는 만병의 근원이라는 말이 있다. 실제로 스트레스를 심하게 받으면 불안, 우울 등의 증상이 나타나고, 스트레스 요인이 너무 과도하거나 오래 지속되는 경우에는 각종 정신질환으로 발전할 수 있다. 신체 질환도 스트레스와 밀접한 관계가 있으며, 과도한 스트레스는 면역 기능 또한 약화한다. 따라서 건강을 위해서는 스트레스를 잘 관리해야 한다.

대부분 사람들에게는 본인만의 스트레스 해소 방법이 있을 것이다. 19세기 유럽에서는 스트레스를 풀려고 해피벌룬을 사용했다. 그런데 이 해피벌룬이 의학 발전에 지대한 영향을 미쳤다는 사실을 아는가? 해피벌룬과 마취제에 얽힌 이야기를 시작해보자.

1840년대 유럽과 미국에서는 '해피벌룬 파티'가 유행했다. 해피벌룬 안에는 일명 '웃음가스'라 불리는 기체가 들어 있는데, 이를 흡입하면 기분이 유쾌해진다. 그러한 특성을 이용하여 파티에 활용한 것이다. 해피벌룬에 들어가는 기체는 바로 아산화질소로, 질산암모늄을 열분해할 때 생기는 무색의 기체다. 이 아산화질소를 흡입하면 얼굴 근육에 경련이 일어나 마치 웃는 것처럼 보인다.

이러한 아산화질소의 특징을 발견한 사람은 영국의 과학자 험프리 데이비(Humphrey Davy, 1778~1829)였다. 1799년 그는 여러 기체의 특성에 관해 연구하던 중 아산화질소를 흡입하게 된다. 그 결과 술에 취한 듯 몽롱해지고 기분이 좋아지며, 일시적으로 의식을 잃는 경우도 있다는 사실을 발견했다. 그 후 아산화질소는 웃음가스 혹은 해피벌룬이라 불리며 오락용으로 자주 이용된다.

시간이 흘러 미국의 치과 의사 호레이스 웰스(Horace Wells, 1815~1848)가 아산화질소를 재발견한다. 1844년 웰스는 해피벌룬 파티에 참석했다가 우연히 다리에 상처를 입은 남자를 발견한다. 그런데 그는 다리에 상처를 입었지만 통증을 느끼

험프리 데이비

호레이스 웰스의 업적을 기념하는 동상

지 못했다. 웰스는 여기서 아산화질소를 마취제로 사용할 수 있겠다는 아이디어를 얻는다. 그는 실제로 이 아이디어를 자신에게 먼저 시연해보았다. 파티장에서 아산화질소를 흡입하고 돌아와 사랑니를 뽑았는데, 이때 그는 아무런 통증을 느끼지 못했다.

마취제로서 아산화질소의 가능성을 본 그는 1845년 2월, 메사추세츠종합병원에서 외과 의사들을 모아놓고 마취제 시연회를 진행한다. 그러나 아산화질소의 양이 부족했던 탓에 환자는 고통을 참지 못해 비명을 질렀다. 참관했던 사람들은 마취에 관한 그의 주장이 속임수라 생각했고, 이 사건으로 웰스는 치과 의사를 그만두게 되었다. 이후에도 그는 마취제에 미련을 버리지 못하고 클로로포름을 자신에게 투여하는 실험을 했는데, 이로 인한 중독으로 결국 그는 자살로 생을 마감하고 만다.

이후 마취제 연구는 웰스의 동료였던 치과 의사 윌리엄 모턴(William T. G. Morton, 1819~1868)이 이어갔다. 모턴은 연구를 거듭한 끝에 아산화질소 대신 에테르를 사용하기에 이르렀다. 1846년 9월 30일, 모턴은 에테르를 이용하여 환자가 통증을 느끼지 않게 이를 뽑는 데 성공한다. 이어서 1846년 10월 16

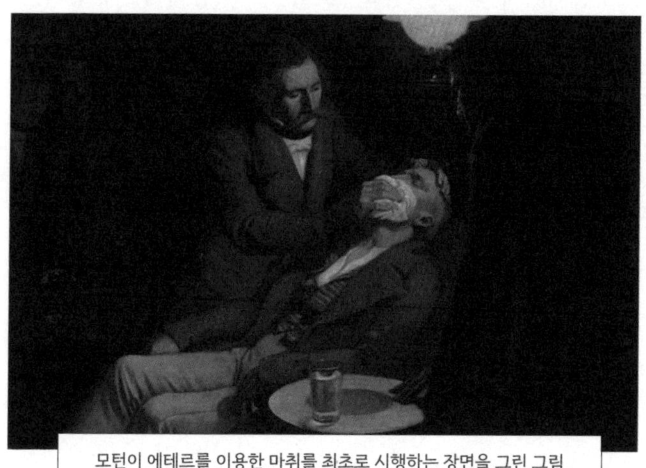

모턴이 에테르를 이용한 마취를 최초로 시행하는 장면을 그린 그림

일, 메사추세츠종합병원에서 에테르를 이용한 공개 수술을 진행했다. 모턴은 에테르를 이용해 마취를 한 후 목의 종양을 제거하는 수술을 공개적으로 성공시켰고, 이후 에테르는 마취제로 널리 사용된다.

마취제 관련 연구는 계속 활발하게 진행되었다. 영국의 산부인과 의사 제임스 심프슨(James Young Simpson, 1811~1870)은 에테르를 이용한 무통분만법을 연구했다. 1847년 그는 환자에게 에테르를 사용해보았는데, 기관지와 위장에 자극을 준다는 사실을 발견하고 부작용이 적으면서도 효과가 우수한 대체물질을 찾아냈다. 그것이 바로 웰스를 죽음으로 몰고 간 클로로포름이었다. 심프슨은 클로로포름을 이용해 무통분만에 성공하지만 인위적으로 분만의 통증을 없애려는 시도는 하느님의 뜻을 거역하는 것이라는 비판을 받았다.

이러한 논란은 1853년 영국의 빅토리아 여왕(재위 1837~1901)이 클로로포름을 사용해 왕자를 순조롭게 분만함으로써 일단락되었다. 다만 이후에 클로로포름의 부작용과 위험성이 발견되어 오늘날에는 마취제보다는 살충제나 곰팡이 제거제, 공업용 용제로 사용되고 있다.

나관중(1330?~1400)이 쓴 『삼국지연의』에는 독화살에 맞은 관우가 마취 없이 수술받는 장면이 나온다. 독화살에 맞은 부위를 도려내고 뼈를 긁어내는 수술이었는데, 마취를 하지 않았음에도 관우는 태연하게 바둑을 두었다. 하지만 현실에서 그런 초인적인 인내심을 가진 사람은 존재하지 않는다.

마취제가 없다면 모든 수술은 환자에게 끔찍한 고통을 줄 것이다. 또한 그 고통을 환자가 오랫동안 견뎌낼 수 없기 때문에 복잡한 수술은 시도조차 할 수 없다. 하지만 마취제가 있으면 어떠한 수술도 가능하다. 오락용으로 사용되던 해피벌룬이 마취제의 시초가 되어 우리는 삶의 질을 크게 높이게 된 것이다.

참고 자료

「고통을 없애는 약, 마취제의 역사」(《사이언스타임즈》, 2018.03.22) / 『세상을 바꾼 위대한 과학실험 100』(존 그리빈, 메리 그리빈 지음, 예문아카이브) / 「달콤한 향과 맛을 지닌 웃음가스의 진실」(《KISTI의 과학향기》, 2017.08.02) / 『발명과 혁신으로 읽는 하루 10분 세계사』(송성수 지음, 생각의힘) / 스트레스, 국민건강정보포털 의학정보 / 에테르, 화학용어사전 / 아산화질소, 두산백과

라듐은 100년 전에 만병통치약으로 쓰였다

사람은 빛이 없으면 살 수 없다. 거시적인 관점에서 지구의 생태계는 태양이라는 광원이 없으면 존속하지 못한다. 미시적으로 보더라도 사람의 눈은 어둠 속에서 사물을 인식하는 데 적합하지 않다. 그렇기에 인류는 원시시대의 모닥불부터 현대의 LED까지, 어둠을 몰아내고 생활 범위를 늘리기 위해 많은 도구를 발명해왔다. 그중에 야광 시계가 있다. 밤에도 시간을 쉽게 확인할 수 있도록 시계에 야광 물질을 첨가하여 만든 것이다. 그런데 이 야광 시계로 희생당한 사람들이 있다. 죽음을 부르는 빛나는 물질의 정체를 알아보자.

물질에 빛을 비추었을 때 그 물질이 빛을 흡수하고, 빛을 제거했을 때 흡수한 빛을 천천히 방출하는 것을 야광이라고 한다. 이를 이용하여 만든 시계나 스티커 등을 한 번쯤은 사용해 보았을 것이다. 그런데 인체에 무해한 물질로 야광 시계를 만드는 오늘날과 달리, 과거 야광 시계가 처음 만들어졌을 때에는 다른 위험한 물질을 사용하고 있었다.

20세기 초 야광 시계에 사용된 빛나는 물질은 '라듐'이었다. 라듐(Radium)은 원자번호 88번의 원소로, 방사선을 내뿜는 은빛 금속 물질이다. 불안정한 원자핵을 가진 몇몇 원소는 스스로 붕괴를 일으킨다. 이러한 원소들이 붕괴하여 다른 원소로 바뀔 때 몇 가지 입자나 전자기파를 방출하는데, 그것을 방사선이라 한다. 방사선은 큰 에너지를 가지고 있어서 우리 몸에 쬐면 세포를 파괴하거나 유전자를 변형시키는 등의 영향을 줄 수 있다.

방사성 원소인 라듐은 1898년 프랑스의 물리학자이자 화학자인 마리 퀴리(Marie Curie, 1867~1934)와 그 남편 피에르 퀴리(Pierre Curie, 1859~1906)가 처음 발견했다. 퀴리 부인과 그 남편이 연구를 시작했을 당시에는 이미 우라늄이라는 물질이 스스로 특이한 빛을 낸다는 것이 발견된 상태였다. 그들은 우라늄 연구를 하는 과정에서 방사선을 방출하는 여러 원소를 발견하

퀴리 부부

게 되는데, 그중 하나가 바로 라듐이었다. 퀴리 부부는 '빛을 발산한다'는 뜻의 라틴어 'radius'에서 따와 라듐이라는 이름을 지었다. 이 연구로 1903년 퀴리 부부는 노벨물리학상을 수상한다.

지금은 방사선의 위험성이 널리 알려져 있지만, 이 당시에 방사선의 위험은 잘 알려지지 않았다. 그렇기에 사람들은 스스로 빛을 내는 신기한 물질인 라듐에 열광했다. 어둠 속에서 아름다운 빛을 뿜어내는 신비한 물질에 매혹된 것이다. 당시 라듐의 인기는 그야말로 최고였다. 라듐이 들어간 화장품은 물론 물감, 치약 심지어 음료수도 나왔는데, 현대인이 비타민

워터를 마시듯 라듐 워터가 건강 음료로 팔려나갔다. 라듐은 말 그대로 만병통치약처럼 어디서나 사용되었다.

라듐이 인기를 끌던 1910년 중반부터 1920년 초반 사이, 미국에서는 라듐 시계 회사들이 설립되었다. 이들은 시계판 숫자에 라듐 페인트를 발라 어둠 속에서도 빛나는 야광 시계를 만들어 판매했는데, 당연하게도 당시 야광 시계는 폭발적인 인기를 얻었다. 조그마한 손목시계에 그것도 숫자판에 페인트를 칠하는 건 아주 정교한 작업인 만큼 회사에서는 여성 노동자를 많이 고용했는데, 당시 이들을 '라듐 걸스' 혹은 '천사'라는 애칭으로 불렀다. 그 이유는 작업하며 묻은 라듐 성분이 빛을 발해 신비스럽게 보였기 때문이다.

이들은 물감을 정교하게 바르기 위해 라듐이 묻은 붓을 입에 넣어 가지런하게 한 뒤 시계 위에 덧칠하는 식으로 작업을 했다. 그뿐 아니라 일과가 끝난 후에는 라듐을 몸에 바르고 놀기까지 했다. 당시 라듐 시계는 하루에만 250만 개가 팔릴 정도였으니 이들이 먹고 바른 라듐의 양은 어마어마했을 것이다. 이렇게 몸에 축적된 라듐은 1923년에 와서야 서서히 본색을 드러낸다. 엄청나게 심각한 부작용이 속출한 것이다.

라듐은 화학적으로 칼슘과 비슷한데, 인체로 들어간 라듐은 칼슘인 척 몸을 속이고 뼈에 축적되었고, 이로 인해 뼈가 제

라듐 페인트를 칠하고 있는 여성 노동자들

기능을 할 수 없게 된 것이다. 당시 여성 노동자들은 이가 빠지거나, 턱이 괴사되거나, 뼈에 구멍이 생기는 등의 증상이 나타났으며, 더러는 혈액을 만드는 골수가 망가져 하얀 피가 생성되는 일도 생겨났다. 결국 그들은 회사를 상대로 소송을 걸었다. 그러나 정부는 기업 편을 들었고, 의사들이 작성한 보고서는 왜곡되거나 은폐되었다. 소송은 10년이 넘게 이어지다가 1939년에 와서야 여성 노동자들의 승리로 끝났다. 하지만 이미 많은 피해자가 세상을 떠난 뒤였다.

중국을 최초로 통일한 진시황은 불로불사를 위해 수은을 복용했다고 한다. 하지만 수은은 오히려 진시황의 정신을 망가뜨리고 수명을 단축시켰다. 때때로 인간의 무지는 큰 화를 불러오기도 한다. 라듐과 방사능에 대한 무지가 20세기 초반 많은 사람을 죽음으로 내몬 것이다. 당시 만병통치약으로 여겨졌던 라듐. 그러나 그 정체는 죽음을 불러오는 그림자였다.

참고 자료

야광, 두산백과 / 라듐, 두산백과 / 라듐, 네이버캐스트 화학원소 / 방사선, 두산백과 / 방사선, 한국물리학회 물리학백과 / 마리 퀴리, 두산백과 / 『라듐 걸스 빛나는 영혼』(케이트 모어 지음, 사일런스북) / 「라듐 발견 120년…… 방사선의 두 얼굴」(《YTN사이언스》, 2018.12.26)

옛날 사람들은 어떻게 양치질을 했을까?

인간은 음식을 섭취하지 않으면 생존할 수 없다. 음식을 섭취함으로써 활동할 에너지를 얻고 신체를 유지하기 때문이다. 과학과 기술의 발전으로 식량이 풍족해진 오늘날에는 이러한 생존을 위한 음식 섭취만이 아니라, 즐거움을 위한 식사도 한다. 오히려 먹는 즐거움을 느끼기 위해 식사하는 경우가 더 많다고 할 정도로 '미식(美食)'은 우리 삶에 큰 영향을 주고 있다. 하지만 우리의 치아는 수명이 있고, 오래도록 맛있는 식사를 즐기려면 치아 관리가 필수적이다.

양치질은 입안에 남아 있는 음식물 찌꺼기를 제거하여 충치를 예방하려는 목적으로 한다. 하루에 세끼 식사를 하고 중간중간에 간식도 먹는데, 음식을 먹을 때마다 양치질을 하는 것은 여간 귀찮은 일이 아니다. 그래서 사람들은 종종 충치를 예방해준다는 자일리톨 껌을 씹기도 한다.

자일리톨 껌이 정말 충치를 예방해줄까? 먼저 충치가 생기는 원리를 간략히 알아보자. 우리 치아는 에나멜 보호층으로 덮여 있다. 이 단단한 에나멜 보호층을 손상시키는 것은 우리 입속에 살고 있는 무탄스균이다. '스트렙토코쿠스 무탄스'라는 이름의 이 균은 우리가 음식을 먹으면 음식에 있는 당분을 흡수한 후 젖산을 만들어낸다. 이렇게 만들어진 젖산이 서서

우리는 충치를 예방하기 위해 다양한 도구를 사용한다.

히 에나멜을 녹이고 이 과정을 반복하면서 충치가 발생하는 것이다.

자일리톨은 자작나무나 떡갈나무에서 추출하는 천연 감미료로 핀란드에서 처음 개발되었다. 설탕처럼 단맛을 내기는 하지만 설탕과 다르게 혈당을 올리지는 않아 당뇨병 환자들이 먹는 음식에 설탕 대신 넣기도 한다. 자일리톨을 먹으면 이 역시 당분이기 때문에 무탄스균이 자일리톨을 흡수한다. 하지만 자일리톨은 포도당과 분자구조가 달라 무탄스균이 분해하지 못하고 그대로 배출해버린다. 원래대로라면 무탄스균은 당분을 먹은 뒤 에너지를 채우고 젖산을 만들어내야 하는데 자일리톨을 먹으면 에너지를 채울 수 없어 굶어 죽게 된다. 무탄스균이 죽으면 젖산도 만들어지지 않을 테니 당연히 충치에 걸릴 확률이 낮아지는 원리다.

실제로 식약처에서는 자일리톨을 하루에 5~10그램 정도 먹으면 충치를 예방하는 데 도움이 된다고 했다. 그러나 시중에서 판매되는 자일리톨 껌 하나에는 자일리톨이 1그램 정도만 함유되어 있을 뿐이다. 즉, 하루에 자일리톨 껌을 5~10개는 씹어야 충치 예방 효과를 볼 수 있다. 그런데 자일리톨을 잘 분해하지 못하는 것은 사람도 마찬가지다. 그래서 자일리톨을 많이 먹으면 몸에서 분해되지 않아 배가 아프거나 설사

자일리톨이 함유된 껌으로 충치를 예방할 수 있을까?

를 할 수도 있다.

더 큰 문제는 시중에서 판매되는 자일리톨 껌에 자일리톨만 들어 있지 않다는 점이다. 일부 자일리톨 제품에는 설탕과 같은 다른 당분이 감미료로 들어가므로 오히려 충치를 유발할 수 있다. 뿐만 아니라 자일리톨을 섭취하더라도 입안에 다른 음식물 찌꺼기가 남아 있으면 여전히 충치가 발생할 수 있다. 자일리톨로 충치 예방 효과를 제대로 보려면 입안의 음식물을 모두 제거해야 한다. 결과적으로 양치질 이후 자일리톨을 먹어야 효과가 있지 양치질을 자일리톨로 대체하기에는 부족하다는 뜻이다.

오늘날 우리는 양치질뿐 아니라 치실, 가글 등의 방법을 이용하여 충치를 예방하고 치아를 관리한다. 그렇다면 칫솔과 치약 같은 도구가 발명되기 전, 아주 옛날 사람들은 어떻게 치아를 관리했을까? 고대 이집트인은 달걀이나 굴 껍데기를 갈아 그 가루를 이에 문질러 닦았다. 고운 가루를 연마제처럼 사용한 것이다. 고대 로마인은 소변을 치약으로 사용했다. 로마의 의사들은 소변으로 이를 닦으면 치아가 하얘진다고 주장했는데, 현대인에게는 충격적인 일이지만 사실 소변에는 암모니아 성분이 들어 있으므로 과학적으로 근거가 있는 주장이다.

우리나라에서는 살균 효과가 있다고 알려진 버드나무 가지를 이쑤시개처럼 만들어 음식물을 빼내는 식으로 양치질을 했다. 고려시대 문헌인 『계림유사』에는 이를 닦는 행위를 '양지(楊枝)'로 표현했는데, 양지는 버드나무 가지를 뜻한다. 시간이 흐르면서 '양지'가 '양치'로 변하여 오늘날의 양치질이 된 것이다. 또한 허준의 『동의보감』에는 '소금으로 이를 닦고 더운 물로 양치를 하면……'이라는 구절이 있다. 즉, 우리 선조들은 소금을 이용하여 이를 닦기도 했음을 알 수 있다.

그러나 과거에는 소금이 귀하고 비싼 물건에 속했으므로 돈이 없는 사람들은 고운 모래를 이용해 양치를 했다. 지금 우리가 쓰는 치약에는 이에 붙어 있는 플라그나 이물질을 제거해 주는 연마제라는 성분이 있는데, 바로 이 고운 모래가 연마제 역할을 한 것이다. 개화기 이후 서양에서 칫솔과 치약 등이 들어오면서 오늘날과 같은 칫솔질이 정착되었다.

인생에서 바람직하다고 여겨지는 다섯 가지 복을 오복(五福)이라 한다. 그중 첫 번째로 꼽는 것이 수(壽)로, 장수를 뜻한다. 사람은 질 좋은 식사를 하지 않고는 살아갈 수 없고, 식사에는 건강한 치아가 반드시 필요하다. 다시 말해, 양치질은 건강과 장수로 가는 첫걸음이다.

참고 자료

「'왜 자일리톨인가?' 자일리톨의 충치예방 메커니즘」(《덴톡》, 2019.11.22) / 「자일리톨은 정말 충치예방 효과가 없을까?」(《덴탈아리랑》, 2017.02.23) / 「"100% 자일리톨 껌은 충치예방 효과 확인"」(《연합뉴스》, 2009.06.25) / 「자일리톨껌, 정말 자기 전에 씹어도 될까?」(《헬스경향》, 2020.02.27) / 「로마시대 치약은 '오줌', 우리는?」(김혜원 글, 《아시아경제》, 2013.12.22) / 「옛날에는 구강관리를 어떻게 했을까」(정길용 글, 《세종포스트》, 2018.08.06) / 「양치(養齒)의 원래 우리말은 양지(楊枝)」(서완식 글, 《국민일보》, 2018.12.08) / 『그런, 우리 말은 없다』(조항범 지음, 태학사) / 『최기호 교수와 어원을 찾아 떠나는 세계 문화여행 아시아편』(최기호 지음, 박문사)

매주 금요일 저녁 카레라이스를 먹는 이유

단순한 생존을 넘어 더 맛있는 음식을 먹기 위해 인류는 나라별, 지역별로 다양한 식문화를 발전시켜왔다. 지구상에는 수많은 요리가 존재하는데, 지역적 색채가 강하거나 특유의 향 등의 이유로 호불호가 극명하게 나뉘는 음식이 있는가 하면, 다양한 나라에서 두루 사랑받는 음식도 있다.

인도의 카레는 세계적으로 인기 있는 음식 중 하나다. 영국, 독일 등 유럽에서 태국, 일본 등 아시아까지 카레가 전파되지 않은 나라를 찾아보기 힘들 정도로 널리 알려진 음식이다.

특히 일본에서는 거의 자국 음식처럼 취급할 정도로 카레의

일본식 카레라이스

인기가 높다. 재미있는 점은 일본에서 카레의 대중화에 일본 해군이 크게 기여했다는 사실이다.

매주 금요일 저녁 일본의 모든 해상자위대에서는 저녁 메뉴로 카레라이스를 제공하는데, 그 역사가 무려 100년이 넘었다. 카레와 일본 해상자위대가 깊은 관계를 맺은 것은 19세기 후반, 일본 군대를 괴롭히던 '각기병'과 관련이 있다. 각기병은 체내 비타민 B_1이 부족해 생기는 질환으로 심해지면 호흡곤란, 심부전 등을 일으키며 사망에 이르게 한다. 지금은 걸리는 사람이 거의 없지만 19세기 당시에는 대규모 병력 손실을 유발하는 무서운 병이었다.

각기병이 일본 해군의 고질적인 문제가 된 것은 메이지유신 이후였다. 징병제로 입대한 농촌 청년들은 평소에는 잘 먹지 못했던 흰쌀밥을 급식으로 먹을 수 있었다. 그런데 이상하게도 흰쌀밥을 배불리 먹은 장병들이 각기병에 걸리면서 군대의 전력이 뚝 떨어지고 말았다. 입대 전에는 멀쩡하던 청년들이 입대 후 병에 걸리자 일본 과학자들은 이를 해결하려고 연구를 시작했다. 그들은 각기병이 집단생활에서 나타나는 병이라는 점에 주목했고, 감염병일 것이라는 생각을 하게 된다. 이에 따라 '각기균'을 찾아내 백신을 만들려는 시도를 했지만, 아무리 노력해도 각기병을 일으키는 균을 찾을 수 없었다.

각기병 해결책은 뜻밖에도 다른 곳에서 나왔다. 병사들이 각기병에 많이 걸리자 다카기 가네히로(高木兼寬, 1849~1920)라는 군의관이 문제를 해결하려고 병사들의 식습관을 조사했다. 당시 일본 해군은 병사들에게 쌀밥을 제공하고 반찬값은 돈으로 지급했다.

그런데 대부분의 병사가 가난한 집안 출신이다 보니 무료로 제공되는 쌀밥만 많이 먹고, 반찬값은 따로 모아 집으로 보낸다는 것을 알게 되었다. 쌀밥만 먹고 반찬을 일절 안 먹다 보니 심각한 영양 결핍이 왔고, 이것이 각기병으로 이어진 셈이다. 다카기는 이런 자세한 원인까지 알지는 못했지만 각기병 문제가 없던 영국 해군의 식단을 주목하게 된다.

일본이 19세기 중반 메이지유신을 단행하면서 닮고자 했던 표본이 영국이었다. 자동차의 좌측 통행, 철도, 의회 구성 등

많은 것을 영국에서 가져왔다. 19세기 당시 영국 해군은 세계 최강이었고, 서양의 제도를 본떠 나라를 부강하게 만들려는 일본에 영국 해군은 벤치마킹 대상이었다. 당시 영국에는 19세기부터 인도를 식민 지배하면서 자연스레 인도풍 음식이 유행했는데, 영국식 인도 요리인 카레는 영국의 국민 요리로 자리 잡고 있었다. 일본에 주둔하던 영국 해군의 식단에 카레가 올라온 이유가 여기에 있었다.

그렇게 해서 일본 해군의 식단이 바뀌게 된다. 쌀밥만 먹는 식습관을 고치고자 처음에는 보리밥을 내주거나 영국 해군처럼 카레를 스튜처럼 끓여서 보급하려고 했다. 그런데 얼마 지나지 않아 병사들의 항의가 빗발치기 시작했다. 쌀밥 먹으러 군대에 왔는데 왜 잡곡밥을 주느냐고 말이다. 게다가 일본은 메이지유신 이전에는 불교 국가여서 1200여 년 동안 육식을 금지했는데, 카레의 재료 중 하나인 고기에 대한 거부감도 상당히 컸다.

그래서 영국 해군의 카레 비프스튜에 채소와 고기를 잘게 썰어 넣어 내용물을 확인하기 어렵게 만든 뒤 쌀밥에 섞어 먹을 수 있게 만들었는데, 이것이 바로 일본식 카레라이스다.

병사들이 다양한 영양소가 들어간 카레라이스를 먹고 난 뒤 일본 해군에서는 각기병이 사라지게 되었다. 이렇게 일본 해

일본 해군의 각기병을 해결한 다카기 가네히로

군이 도입한 군용 식품 카레는 군대뿐 아니라 일본 전역에서 선풍적인 인기를 끌었다.

그렇다면 매주 금요일 카레라이스가 제공되는 이유는 무엇일까? 19세기 후반, 일본 해군은 청일전쟁으로 바다를 떠도는 날이 많아지면서 요일에 대한 감각이 무뎌졌다. 그래서 토요일 저녁마다 카레를 제공해 병사들에게 요일을 알려주었다.

이렇게 토요일마다 카레라이스를 먹는 전통은 현대 일본의 해상자위대에도 이어졌고, 주 5일 근무가 도입되면서 토요일에서 금요일 저녁 식단으로 바뀌었다. 그렇게 카레라이스는 일본 해군의 각기병 치료제이자 상징적 음식이 된 것이다.

참고 자료

「일본 해상자위대는 왜 금요일마다 카레를 먹을까?」(《아시아경제》, 2019.12.11) / 「각기병을 연구하다 비타민을 찾아내다」(김태호 글, 《주간경향》, 2018.09.17) / 「동양의 신비한 향신료가 국민 메뉴로 인도 음식 카레의 세계 전파 스토리」(윤덕노 글, 《매일경제》, 2018.10.30) / 「일본 해군 각기병 치료 위해 만들어 사용한 음식은?」(《데일리팜》, 2018.01.15) / 각기병, 두산백과 / 『인류를 구한 12가지 약 이야기』(정승규 지음, 반니) / 『전쟁사에서 건진 별미들』(윤덕노 지음, 더난출판사)

SCIENCE

4

발명의 두 얼굴

와이파이 기술을 만든 세기의 영화배우

와이파이와 블루투스는 스마트폰이 대중화된 현대사회에서 빼놓을 수 없는 기술이다. 두 기술의 토대가 된 '주파수 도약 시스템'을 '유럽 최고의 미녀'라고 불리는 한 배우가 발명했다. 천재적인 발명가이자 전설적인 할리우드 영화배우였던 헤디 라마(Hedy Lamarr, 1914~2000)다.

헤디 라마는 오스트리아 출신의 미국 배우이자 발명가다. 연기를 즐겼던 헤디 라마는 16세에 영화계에 진출해 19세인 1933년 체코슬로바키아 영화 〈엑스타시〉에 출연, 매력적인 연기로 세간의 화제가 되었다. 그러나 오스트리아에서의 불행한 결혼생활을 보내고, 나치 치하의 유대인 박해에 시달리던 끝에 결국 영국으로 탈출하게 된다. 그곳에서 미국 MGM 영화사 설립자 루이 메이어를 만나 다시 배우의 길로 들어선다. 이후 1930~1950년대에 걸쳐 스타로 활동하면서 〈알지어즈〉 〈붐 타운〉 〈아이 테이크 디스 워먼〉 〈동지 X〉 〈컴 리브 위드 미〉 〈H.M. 플햄 변호사〉 〈삼손과 데릴라〉 등 수많은 히트작을 냈다. 헤디 라마는 당대의 인기 배우들인 클라크 게이블, 스펜서 트레이시, 잭 스튜어트와 호흡을 맞췄다.

헤디 라마의 인기 비결은 탁월한 미모에 있었다. 코미디 영화를 찍어도, 커리어 우먼을 연기하는 작품을 해도 그는 롱 클로즈업 신을 위해 조각상처럼 움직이지 말라는 지시를 받았다. 그 이유는 관객들이 그의 아름다운 얼굴을 계속 보기를 원했기 때문이다. 그래서 헤디 라마는 "내 얼굴과 아름다움은 나의 불운이자 저주"라고 말하곤 했다. 이국적 관능과 섹시한 아름다움만 요구하는 할리우드 생활이 지쳐갈 때쯤 그는 어릴 때부터 관심이 많았던 과학 기술 연구에 열정을 쏟기 시작했다. 낮에는 배우로 활동하고, 저녁에는 작업실에서 갖가지 기계장치를 분해하며 문제점을 찾아내는 이중생활을 시작한 것이다.

당시는 제2차 세계 대전의 포화가 시작된 때였고 전쟁은 헤

헤디 라마

디 라마의 연구에 불을 지폈다. 전쟁 중에 아이들을 포함한 피란민이 탄 영국 여객선이 독일 유보트 함대의 어뢰를 맞아 격침됐다는 소식에 충격을 받는다. 이에 헤디 라마는 연합군을 도울 방도를 고민하던 중 잠수함이 수중 무선 유도 미사일을 발사할 때 적함이 이를 알아차리지 못하도록 주파수 혼동을 일으키는 방법을 연구한다. 주파수 하나로 신호를 전달하면 적이 그 주파수를 찾아내 교란할 위험이 있지만, 주파수를 여러 개로 분산하면 적군이 이를 알아낼 수 없다는 점에 착안한 것이다. 즉, 적군이 주파수 혼동으로 상대를 공격하지 못하게 하는 사이 아군은 쉽게 적군의 어뢰를 명중할 수 있게 된다.

헤디 라마는 피아노의 공명 원리에 착안해 작곡가 조지 앤타일(George Antheil, 1900~1959)과 함께 함선과 어뢰가 주파수를 바꿔가면서 통신을 주고받는 '주파수 도약 기술'을 개발하기 시작한다. 이 기술이 혁신적인 이유는 설사 적군이 메시지 일부를 도청한다 해도 문제되지 않았다는 점이다. 이미 새로운 주파수로 정보를 보내기 때문이다. 헤디 라마는 마침내 1942년 특허를 출원했다.

헤디 라마는 특허가 나자 이 기술을 발명가협회를 통해 미국 정부에 기증했다. 그러나 미 해군은 이 기술을 잘 알지 못했을 뿐 아니라 제품으로 만들 능력도 없어 사용하지 않았다. 게다가 당시 헤디 라마가 외국인 신분이자 연합군의 적인 오스트리아 출신이라는 이유로 특허 자격마저 몰수했다. 해군에 제출된 특허는 사용해보지도 못한 채 전쟁 기간에 사라지고 말았다.

그의 주파수 도약 기술은 1950년대 후반에야 빛을 보게 된다. 1957년 펜실베이니아 전자공학 시스템국 기술자들이 헤디 라마의 기술을 보안 시스템에 이용한 것이다. 또 트랜지스터의 발명으로 전자시대가 열리면서 헤디 라마의 주파수 도약 기술은 동일한 주파수 대역에서 다중의 사용자가 동시에 접속할 수 있는 CDMA(Code Division Mutiplex Access, 부호분할 다중

오스트리아 빈에 있는 헤디 라마 명예의 무덤

접속) 기술 개발에 큰 영향을 미쳤다. 오늘날 널리 사용되는 블루투스, 와이파이도 이 기술을 기반으로 한다.

1990년 《포브스》 5월호에서 헤디 라마의 주파수 기술을 조명했고 1997년 전자프런티어재단은 CDMA 기술의 기본 원리를 발명한 공을 인정해 헤디 라마와 조지 앤타일에게 뒤늦게 '개척자상(Pioneer Award)'을 수여했다. 당시 헤디 라마는 "때가 왔노라"라는 수상 소감을 남겨 많은 사람에게 여운을 주었다. 미국 발명가협회는 2014년 그를 명예의 전당에 올렸고, 2015년에 구글은 헤디 라마 탄생 100주년을 기념하는 헌정 영상을 제작했다. 구글은 당시 "헤디 라마가 없었다면 구글도 없었다"는 캐치프레이즈로 그의 공적을 기렸다. 2017년에는 다큐멘터리 영화 〈밤쉘〉이 개봉돼 천재적인 발명가이자 전설적인 할리우드 영화배우였던 헤디 라마의 두 가지 삶을 재조명했다.

참고 자료

『와이파이 기술을 발명한 영화배우 헤디 라마』(로리 월마크 지음, 두레아이들) / 「과학계서도 빛난 할리우드 스타…… "그녀가 없었다면 구글도 없었다"」(《조선일보》, 2021.03.16) / 「기억할 오늘 헤디 라마르」(《한국일보》, 2018.11.09) / 「와이파이 쓸 때면 그녀를 기억하세요…… '헤디 라마르' 탄생 101주년」(《여성신문》, 2015.11.12) / 헤디 라마르, 위키백과

전 세계를 휩쓴 포테이토칩의 시작은?

구매한 상품의 하자를 문제 삼아 기업을 상대로 과도한 피해보상금을 요구하거나 거짓으로 피해를 본 것처럼 꾸며 보상을 요구하는 사람들을 블랙컨슈머(Black Consumer) 혹은 진상손님이라 한다. 악성을 뜻하는 '블랙(black)'과 소비자를 뜻하는 '컨슈머(consumer)'의 합성어다. 대부분 블랙컨슈머는 소비자 관련 기관을 거치지 않고 기업에 직접 문제를 제기하는데, 제품 교환보다는 과다한 금전적 보상을 요구하는 경우가 많아 기업뿐 아니라 선량한 다수 소비자에게도 악영향을 준다. 이는 특히 식료품을 대상으로 하는 경우가 많은데 놀랍게도 우리가 즐겨 먹는 음식 중 블랙컨슈머 때문에 만들어진 식품이 있다. 바로 바삭함의 대명사 포테이토칩이다.

포테이토칩은 19세기 초반 영국 등지에서 시작된 것으로 추정된다. 최초로 포테이토칩이 문헌에 언급된 것은 영국의 요리연구가이자 발명가인 윌리엄 키치너(William Kitchiner, 1775~1827)가 쓴 『The Cook's Oracle』(1822)에서였다. 이 책에는 감자를 얇게 썰어서 튀기는, 현재 포테이토칩의 기원이 되는 요리법이 소개되어 있다. 그럼에도 포테이토칩을 처음 만든 사람으로 조지 크럼(George Crum, 1828~1914)이 널리 알려져 있다.

얇게 썬 감자를 물에 담가 겉면의 녹말을 없앤 다음 튀겨낸 포테이토칩은 레스토랑 손님의 거듭되는 항의 때문에 만들어졌다. 포테이토칩을 처음 만든 사람은 조지 크럼이라는

전 세계인이 즐기는 포테이토칩

요리사다. 그는 1853년 미국 뉴욕주의 휴양지 사라토가 스프링 지역에 있는 문 레이트 로지 리조트라는 호텔에서 근무했는데, 어느 날 한 손님이 크럼에게 프렌치프라이가 너무 두껍고 익지도 않았다며 불만을 쏟아내더니 다시 만들라고 요구했다. 이에 그는 얇은 프렌치프라이를 만들었지만 손님은 "더 얇게!"라며 접시를 물렸다. 여러 번 퇴짜를 맞자 화가 난 크럼은 손님을 골탕 먹이기로 작정하고 감자를 종잇장처럼 얇게 썰어서 튀긴 다음 소금을 잔뜩 뿌려 테이블에 내놓았다. 그런데 웬

포테이토칩을 처음 만든 조지 크럼과 그의 여자 형제 캐서린 윅스

요리연구가 윌리엄 키치너

걸 손님이 정말 맛있다면서 극찬을 하는 것이 아닌가. 이후 크럼은 이 요리에 이름을 붙여 메뉴에 내걸었다. 이것이 지금 전 세계인이 즐겨 먹는 포테이토칩이다.

이 요리는 레스토랑의 간판 메뉴가 되었고 몇 년 후 조지 크럼이 자신의 레스토랑을 열었을 때는 사람들이 포테이토칩을 먹기 위해 줄을 설 만큼 큰 인기를 누렸다. 당시 포테이토칩은 레스토랑이 있던 지명의 이름을 따서 사라토가칩(saratoga chips)이라 불렸다가 바삭한 특징을 따서 포테이토 크런치(potato crunches)라고도 불렸다. 처음에는 미국의 동북부 지역에서만 먹었으나 점차 전국으로 퍼지면서 포테이토칩으로 불리게 되었다.

1895년에는 포테이토칩을 대량으로 만드는 공장이 클리브랜드에 생겼고, 1920년에는 오늘날 포테이토칩 포장지의 원조인 왁스 종이로 만든 봉투가 만들어지면서 더욱 바삭바삭한 포테이토칩을 즐길 수 있게 되었다. 그 덕분에 포테이토칩의 인기는 더 높아졌다. 1930년대 후반 들어서는 세계적 포테이토칩 회사들이 등장하면서 현재 우리가 즐기는 포테이토칩의 모습을 갖추게 된 것이다.

포테이토칩은 보통 소금만으로 간을 하지만 요즘에는 바비큐맛, 카레맛, 사우어크림맛, 매운 칠리맛 등을 가미한 새로운 제품들이 속속 등장했고 우리나라에서도 불고기맛, 매운 고추장맛 등 우리 고유의 맛을 더한 제품이 나오고 있다.

전 세계인이 즐기는 간식이 된 만큼 포테이토칩을 발명한 조지 크럼이 엄청난 부자가 됐을 거라 짐작할 수 있지만, 안타깝게도 그는 포테이토칩에 대한 특허를 출원하지 않았다. 그에게는 애석한 일이지만 오히려 특허권이 없었기에 많은 레스토랑에서 만들 수 있었고 전 세계적으로 사랑받게 되지 않았을까. 포테이토칩이 한 손님의 무리한 요구로 만들어진 것을 보면 발명은 정말 우연의 산물인 듯하다.

참고 자료

「포테이토칩의 유래, 美 요리사 조지 크럼…… 손님 골탕 먹이기에서 시작」(《파이낸셜뉴스》, 2014.12.09) / 「포테이토칩의 유래, 약 올리려고 만들었는데 세계인의 간식으로」(《중앙일보》, 2014.12.09) / 감자칩, 네이버 지식백과 / 『감자: 잘먹고 잘사는 법 시리즈 41』(전수미 지음, 김영사)

맥주를 맛있게 마시기 위해 발명된 이것

무더운 여름날, 시원한 음료 한잔은 갈증을 해소해준다. 길거리를 걷다 보면 커피나 주스 같은 찬 음료를 빨대로 마시는 사람들을 흔히 볼 수 있다. 요즘에는 야구장이나 술집에서 빨대로 맥주를 마시는 사람도 있다. 시원한 맥주를 컵에 따라 쭉 들이켜는 게 제맛이지만 원래 빨대는 맥주를 맛있게 마시기 위해 발명된 것이다.

빨대는 대기압의 힘을 이용해 간편하게 원하는 만큼의 액체를 빨아들이는 편리한 도구다. 언뜻 사람의 힘으로 액체를 끌어올리는 것을 흡입력이라고 생각하지만 실제 힘이 작동하는 원리는 그와 다르다. 사람의 역할은 빨대 내부 공기를 살짝 빨아들여 그 안의 기압을 바깥보다 낮게 만드는 것이 전부다. 빨대 바깥의 액체는 여전히 대기압에 눌려 있지만 안쪽은 기압이 낮아지는 자연의 작용으로 액체가 빨대를 따라 쭉 올라오는 것이다.

빨대는 기원전 3000년경 최초의 문명 중 하나였던 수메르에서 처음 사용했다. 수메르문명은 티그리스강과 유프라테스강에 둘러싸인 지역에서 꽃을 피웠으며, 이 지역은 지금의 이라크에 해당한다. 영국 고고학자 레너드 울리(Leonard Woolley, 1880~1960)가 이집트 발굴 도중 기원전 2600년~기원전 2500년경 우르 제1왕조에 살았던 푸아비 여왕의 묘에서 여왕이 맥주를 마시는 데 사용했던 기다란 빨대를 찾아냈다. 여왕이 사용한 빨대는 얇은 은판을 두드려 지름 1센티미터의 둥근 실린더 형태로 만들어졌는데, 길이는 93센티미터에 달했고 겉은 금과 청금석으로 화려하게 장식되어 있었다.

또 유적 발굴 작업 도중 수메르인이 맥주를 제조하고 나서 큰 병에 맥주를 담아 긴 빨대를 꽂아 마시는 모습이 새겨진 점토판이 발견되었다. 수메르인은 맥주를 '신의 선물' 또는 '행복과 건강을 위한 음료'라고 여겨 거의 주식처럼 즐겼는데, 심지어 당시 보리 생산량의 40퍼센트가 빵이 아닌 맥주 제조에 사용될 정도로 맥주는 수메르문명에서 중요한 위치를 차지했다.

수메르인은 맥주를 왜 컵이 아닌 빨대를 사용해 마셨을까? 특별한 이유라도 있었을까? 지금의 맥주 제조 방법과 달리 당시에는 구운 빵을 가루로 만들어 물을 붓고 효모를 첨가해 맥주를 만들었기 때문에 맥주에 침전물이나 부유물이 많았다. 수메르인은 맥주를 어떻게 먹을지 고민하다가 길고 가는 짚을 꺾어 말린 뒤 부유물이 적은 맥주통의 중간층에 있는 맥주만을 섭취하는 데 성공한다. 빨대를 영어로 'straw'라고 하는데 이때 사용한 짚에서 유래한 말이다.

짚으로 만든 빨대는 1888년 미국인 마빈 스톤(Marvin C. Stone, 1842~1899)이 종이 빨대를 만들 때까지 계속 사용되었다. 스톤은 담배공장 노동자였다. 당시 미국 사람들은 위스키 온도에 민감했는지 짚으로 만든 빨대로 위스키를 빨아 마시곤 했다. 스톤은 짚 특유의 향기가 마음에 들지 않았는데, 고민 끝에 짚으로 만든 빨대의 둥글고 속이 텅 빈 모양이 담배와 비슷하다는 사실을 깨달았다. '짚이 아니라 담배와 같은 재질인 종이로 빨대를 만든다면 괜찮지 않을까?' 생각한 스톤은 곧바로 종이를 펜에 감싸 접착제로 고정한 뒤 펜을 빼내 그럴듯한 빨대를 만들어냈다. 스톤이 만든 종이 빨대는 미국에서 폭발적으로 인기를 끌었고 급기야 빨대 생산 공장이 세워졌다. 이로써 스

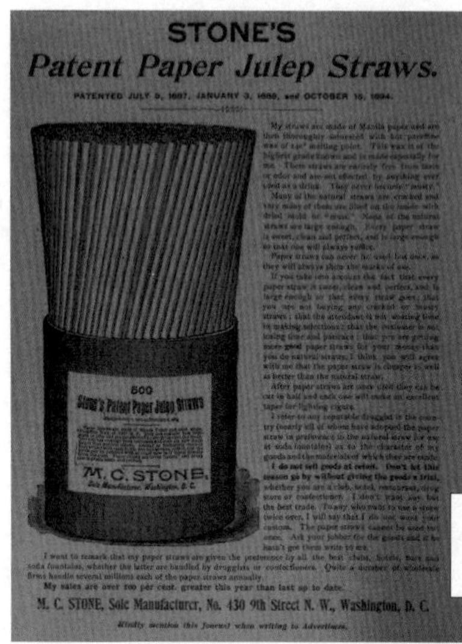

마빈 스톤이 만든 빨대를 광고하는 전단지

톤은 한순간에 노동자에서 기업주로 대변신하게 된다.

한편 1937년 조지프 프리드먼(Joseph Friedman, 1900~1982)은 일직선으로 된 종이 빨대로 밀크셰이크를 먹느라 고생하는 네 살배기 딸을 보면서 주름을 잡아 쉽게 휘는 빨대를 만들어냈다. 그의 신제품은 병원으로 먼저 팔려 나가 침대에 누워 생활하는 수많은 환자(당시 유리 빨대를 사용하고 있었음)에게 편안한 자세로 음료를 마시는 즐거움을 선사했다. 주름 빨대의 원래 용도는 지금처럼 들고 다니면서 편하게 마시라고 만든 것이 아니라, 순전히 노인과 어린이 등 불가피한 핸디캡이 있는 사람들을 위한 것이었다.

이후 플라스틱이 발명된 1960년대부터 물에 젖는 점을 보완하고자 플라스틱으로 빨대를 만들면서 현재 우리가 사용하는 빨대가 되었다. 플라스틱 빨대 사용량은 급속도로 늘어 2018년 기준 미국에서만 하루 5억 개가 소비되었다. 이를 모두 연결하면 지구를 두 바퀴 반이나 감쌀 수 있다. 이것이 세계적으로 플라스틱 빨대 퇴출 운동이 벌어진 이유다.

몇 년 전 태평양 코스타리카 연안에서는 코에 12센티미터

일회용 빨대를 비롯한 많은 플라스틱 쓰레기는 해양오염의 주범 중 하나다.

짜리 플라스틱 빨대가 꽂힌 채 눈물을 흘리며 가쁜 숨을 내쉬던 바다거북이 구조돼 충격을 주었다. 썩지도 않는 플라스틱이 바다로 흘러들어 바다생물을 죽이고 있는 것이다. 플라스틱 빨대가 환경오염을 일으키는 주범으로 꼽히면서 각종 음료를 판매하는 카페나 패스트푸드업체에서 다시 종이 빨대를 사용하고 있다. 맥주를 맛있게 마시고자 빨대를 만들었다고는 하지만 맥주는 시원한 잔에 부어 마시는 게 좋을 것 같다.

참고 자료

『술에 취한 세계사』(마크 포사이스 지음, 미래의창) / 스톤의 빨대, 네이버 지식백과 / 「빨대의 역사」(《미쉐린가이드대한민국 매거진》, 2020.03.12) / 「맥주 만드는 보리와 밥 짓는 보리, 뭐가 다르지?」(황지혜 글, 《중앙일보》, 2020.07.30) / 「미국 하루 사용량만 지구 2.5바퀴…… 플라스틱 빨대와의 전쟁」(《한겨레》, 2017.07.10) / 「빨대와 환경오염」(《한국일보》, 2018.06.03)

히틀러는 OMR 카드로 어떤 일을 벌였나

한글, 금속활자, 현미경, 증기기관, 건전지, 다이너마이트, 전화기, 전구, 자동차……. 인류 역사를 바꿔놓은 발명품들이다. 인류가 도구를 사용하면서 문명이 발달하기 시작했고 현재 인류의 생활은 수많은 도구 덕분에 더없이 편리해졌다. 세상에 없던 것을 만들어내 조금 더 편리하고 쉽고 간단하게 사용할 수 있도록 하겠다는 좋은 뜻으로 발명한 물건이 원래 의도와 상관없이 사회악으로 여겨진다면 어떨까? 천공카드는 사회 시스템에서 획기적인 역할을 한 발명품이었으나 히틀러의 비밀병기로 많은 사람을 죽이는 데 큰 역할을 했다.

1889년 미국은 전 국민에 대한 통계자료를 만드는 데 어려움을 겪고 있었다. 당시 미국에는 엄청난 이민 열풍으로 1년에 100만 명이 밀려 들어오고 있었다. 당시 미국 정부에서는 인구조사를 한 번 실시하는 데 7~8년씩이나 걸렸다. 왜냐하면 당시 조사 방법은 조사원이 펜과 종이를 들고 집집마다 다니며 사람 수를 센 다음 전국의 종이를 모아 합계하는 방식이었기 때문이다.

1870년에 3,885만 명이었던 총인구수가 1880년엔 5,019만 명에 육박하자 다음 조사에는 12년이 걸릴 것이란 예상이 나왔고, 한쪽에서는 아예 인구조사 자체를 하지 말자는 극단적인 의견까지 나왔다. 골머리를 앓던 미국 인구조사국은 직접 수를 세는 단순한 방법 대신 다른 방법을 찾아야 했다. 곧 많은 상금을 걸고 인구조사 작업시간을 단축하는 효율적인 통계처리방식을 찾는 공모전을 열었다.

이때 통계학자이자 발명가인 허만 홀러리스(Herman Hollerith, 1869~1929)가 구멍 뚫린 카드를 이용해 통계를 처리하는 천공카드 기계를 만들었다. 홀러리스는 열차 승차권에 구멍을 뚫는 역무원들의 행동에서 착안하여 1,000원짜리 지폐 크기만 한 종이에 구멍을 뚫어 구멍 유무로 인종, 연령, 직업 등 여러 가지를 나타낼 수 있다는 생각을 했다. 이 생각을 기초로 홀러

허만 홀러리스

홀러리스의 태뷸레이터를 재현한 모형

리스는 천공카드와 함께 태뷸레이터(tabulator)라는 기계를 만들었다. 태뷸레이터는 구멍을 뚫어 표시한 천공카드를 읽어 통계를 낼 수 있는 장치로, 카드에는 20개씩 12줄, 총 240개의 구멍이 뚫려 있었다.

이와 유사한 것으로 이미 19세기 초에 프랑스 직공인 조제프 마리 자카르(Joseph Marie Jacaquard, 1752~1834)가 카드의 구멍 패턴으로 직조기의 날실과 씨실을 제어하는 방법을 개발하여 사용했다. 그러므로 천공카드는 완전히 새로운 발명은 아

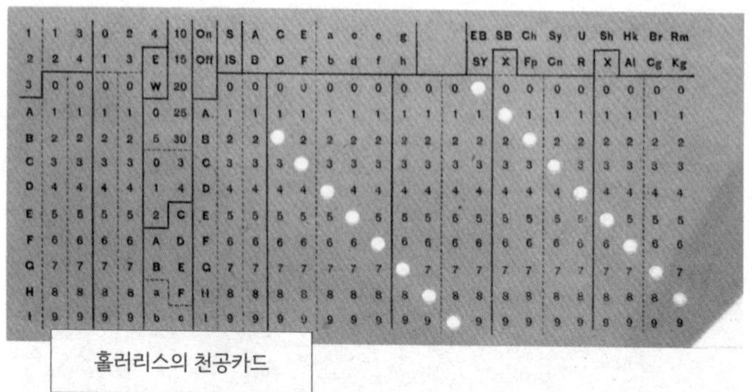

홀러리스의 천공카드

니었다. 하지만 홀러리스의 태뷸레이터와 분류기 디자인은 독창적이었다. 천공카드는 오늘날 우리가 시험 칠 때 컴퓨터용 사인펜으로 OMR 카드에 칠하는 것처럼, 사인펜으로 칠한 번호에 구멍을 낸 형태였다.

천공카드 기계를 활용한 후 7~8년 걸리던 미국 인구조사 기간은 6주, 최종 결과를 얻는 시간은 3년으로 줄어들었다. 천공카드의 놀라운 효율을 경험한 인구조사국은 홀러리스에게 대상을 수여했고, 홀러리스는 그 상금을 바탕으로 태뷸레이터에 특허를 냈다. 인구조사 집계에서 증명된 천공카드 시스템(PCS: Punched Card System)의 성능을 알아본 많은 기업과 학계에서 홀러리스의 발명품에 관심을 보였다. 홀러리스는 1896년 자신의 발명품을 시장에 출시하기 위해 TMC(Tabulating Machine Company)를 설립, 1924년에는 회사 이름을 IBM(International

Business Machines)으로 바꾸었다. 그의 시스템은 1970년대 후반까지 컴퓨터에서 사용되었다.

IBM이 천공카드 사업을 전 세계로 확장하며 승승장구할 때 이에 관심을 보인 인물이 있다. 바로 독일의 아돌프 히틀러(Adolf Hitler, 1889~1945)였다. 히틀러는 천공카드와 태뷸레이터가 단지 간단하게 숫자를 헤아리는 것이 아니라 특정한 데이터를 분석하고 관리할 수 있다는 점에 주목했다. 1939년 인구조사를 위탁받은 IBM 독일 지사는 수십 만 명의 인구조사원을 고용한 후 독일 전역에 보내 사람들의 데이터를 모으기 시작했다. 이들이 모은 것은 바로 집시, 유색인종, 공산주의자, 유대인 관련 목록이었다. 천공카드로 인종을 구분하기 시작한 것이다.

결국 이 목록들은 1942년 독일이 실시했던 인종청소에서 살생부 역할을 했고, 약 20만 명에 달하는 사람이 끔찍한 최후를 맞았다. 나치 독일이 광범위한 인구조사를 실시하고 혈통기록을 만들어 유대인을 색출하는 데 천공카드 시스템이 도움을 준 셈이다. 당시 가장 유망한 다국적 기업이었던 IBM의 천공카드 기술이 아니었다면 대량학살을 그렇게 신속하고 광범위하게 자행하지는 못했을 것이다.

이런 어두운 과거를 뒤로한 채 이후 IBM은 기존의 천공카드 방식에서 한 단계 업그레이드한 OMR(Optical Mark Reader) 시스템을 개발해 우리의 실생활에서 사용할 수 있게 했다.

'도구를 만드는 사람'을 뜻하는 '호모파베르(Homo Faber)'라는 말도 있듯이 사람은 끊임없이 도구를 만들며 발전해왔다. 하지만 사람을 고려하지 않은 기술은 위험할 뿐이다. 우리 삶을 윤택하게 해주는 획기적 발명품이라도 어떤 사람이 어떤 목적으로 사용하느냐에 따라 악마의 무기가 될 수 있다는 점을 히틀러의 사례가 만천하에 보여준 셈이다.

참고 자료

『죽기 전에 꼭 알아야 할 세상을 바꾼 발명품 1001』(잭 첼로너 지음, 마로니에북스) / 허만 홀러리스, 네이버지식백과 / 「인간없는 기술 파괴를 부른다」(《문화일보》, 2007.07.27)

아세톤 발명으로 이스라엘을 건국한 남자

매니큐어는 손톱을 꾸미길 원하는 사람들에게는 아주 친숙한 화장품이다. 주변에서 손톱이나 발톱에 매니큐어를 예쁘게 바른 사람들을 쉽게 찾아볼 수 있다. 꼭 미용 목적이 아니더라도 손톱을 보호하려고 혹은 야구선수들이 사인을 주고받을 때 더 잘 보이도록 매니큐어를 칠하기도 한다. 이런 매니큐어는 물로는 잘 지워지지 않는데, 이때 사용하는 것이 아세톤이다. 그런데 일상생활에서 흔하게 쓰이는 이 아세톤으로 대통령이 된 과학자가 있다.

아세톤은 휘발성이 크고 특유의 냄새가 나는 투명 무색의 액체로, 매니큐어 제거 외에 유성펜이나 페인트의 자국을 지울 때, 화학 실험실에서 기구들을 세척할 때 등 다양한 용도로 쓰인다. 이러한 일상생활에서의 쓰임만이 아니라 군사적으로도 사용되는데, 코르다이트라는 화약의 제조에 쓰이는 경우가 대표적이다. 코르다이트 화약은 일종의 무연화약으로 기존의 흑색화약에 비해 연기가 적고 효율이 뛰어나다.

19세기 후반 여러 나라가 무연화약인 코르다이트를 개발하고 채택하자 영국도 이에 발맞춰 화약 개발에 심혈을 기울였다. 그 결과 영국의 화학자 프레더릭 에이블(Frederick Augustus Abel, 1827~1902) 경이 이끄는 '폭발물 위원회'에서 코르다이트를 개발해 1889년 영국 특허까지 취득했다. 코르다이트는 니트로글리세린, 니트로셀룰로스, 바셀린으로 구성되는데, 이 제조에 용해제로 아세톤이 사용되었다.

제1차 세계 대전까지만 해도 아세톤은 아세트산칼슘을 정제해서 얻는 천연 아세톤뿐이었다. 아세트산칼슘은 독일을 비롯한 중부 유럽 국가들에 주로 매장되어 있었다. 그런데 제1차 세계 대전이 일어나자 독일은 적국인 영국에 아세트산칼슘의 수출을 중지했고, 영국은 포탄 제조에 필요한 아세톤의 공급이 충분하지 못해 전쟁에 필요한 포탄 부족으로 애를 태우게 된다.

이때 도움을 준 사람이 러시아 태생의 유대인 화학자 하임 바이츠만(Chaim Azriel Weizmann, 1874~1952)이다. 그는 원래 합성고무 제조 방법을 연구했다. 고무나무에서 얻는 천연고무는 생산량에 한계가 있어 당시 급격히 늘어난 고무 수요에 맞추기 어려웠다. 이를 위해 바이츠만이 연구한 것은 합성고무의 주성분 중 하나인 이소프렌 제조였다. 이소프렌을 제조하려면 이소아밀 알코올이 필요했는데, 당시 기술로는 이소아밀 알코올을 대량으로 만드는 게 불가능했다.

바이츠만은 이 문제를 저온 박테리아 발효로 해결하려고 했다. 그러나 실험 결과 원래 목표였던 이소아밀 알코올은 나오지 않고 아세톤과 부타놀만 나왔다. 실험은 실패했지만 그 과정에서 우연히 설탕을 아세톤으로 바꿔주는 박테리아를 발견했다. 이 박테리아에는 '클로스트리듐 아세토부틸리쿰'이라는 이름이 붙었는데, 후에 '바이츠만 유기물'이라는 별칭으로 불린다. 바이츠만은 연구를 계속하여 녹말을 설탕으로 변화시키고 그것을 다시 박테리아(클로스트리듐 아세토부틸리쿰)로 처리해서 아세톤을 대량으로 생산하는 공정을 개발했다. 이로써 바이츠만의 실패한 연구가 아세톤의 대량생산이라는 결과로 열매를 맺은 것이다.

바이츠만은 영국이 전쟁에서 아세톤 때문에 어려움을 겪

고 있다는 사실을 알고 자신의 연구 결과를 영국 정부에 무상으로 제공한다. 영국은 바이츠만의 공법으로 연간 3만 톤이나 되는 아세톤을 생산하게 되었고, 이는 제1차 세계 대전에서 영국이 승리하는 데 큰 역할을 한다.

바이츠만은 이 공을 인정받아 1916년부터 1919년까지 영국 해군 연구소의 소장을 맡았다. 또한 자신의 넓어진 입지를 이용해 영국 정부에 유대인 독립 국가 건설을 요구했다. 이러한 요구는 1917년 11월 2일, 팔레스타인 땅에 유대인 국가를

하임 바이츠만

PALESTINE FOR THE JEWS.

OFFICIAL SYMPATHY.

Mr. Balfour has sent the following letter to Lord Rothschild in regard to the establishment of a national home in Palestine for the Jewish people :—

I have much pleasure in conveying to you, on behalf of his Majesty's Government, the following declaration of sympathy with Jewish Zionist aspirations which has been submitted to and approved by the Cabinet :—

His Majesty's Government view with favour the establishment in Palestine of a national home for the Jewish people, and will use their best endeavours to facilitate the achievement of this object, it being clearly understood that nothing shall be done which may prejudice the civil and religious rights of existing non-Jewish communities in Palestine, or the rights and political status enjoyed by Jews in any other country.

I should be grateful if you would bring this declaration to the knowledge of the Zionist Federation.

1917년 11월 9일 영국의 신문 《타임스》에 실린 밸푸어 선언

만들어주겠다는 영국 정부의 '밸푸어 선언'을 이끌어냈다.

그로부터 30여 년이 지난 1948년 팔레스타인에 대한 영국의 위임통치가 종료되면서 동시에 이스라엘의 독립 국가 건설이 선언되었다. 이때 바이츠만은 임시 대통령이 되었고, 이듬해인 1949년 이스라엘 정부의 탄생과 더불어 초대 대통령으로 추대되었다. 이로써 그는 '이스라엘공화국 건국의 아버지'로 불리게 된다.

바이츠만의 연구는 실패했으나 그 연구가 결과적으로 영국의 승리와 유대인 독립 국가 건설의 밑거름이 되었으며, 바이츠만이 이스라엘의 초대 대통령이 되는 계기가 되었다는 사실은 부정할 수 없다. 우리는 살면서 크고 작은 실패를 겪는다. '실패는 성공의 어머니'라는 유명한 격언이 있지만, 여러 번 실패를 겪다보면 그 말에 공감하지 못할 때가 많다. 그럴 때면 한 사람의 작은 실패가 가져온 엄청난 결과, 실패한 연구 덕에 대통령이 된 과학자 이야기를 떠올려보는 것은 어떨까.

참고 자료

「실패한 연구가 낳은 엄청난 결과」(《사이언스타임즈》, 2020.08.05) / 하임 바이츠만, 두산백과 / 프레데릭 에이벌, 두산백과 / 「'아세톤'으로 대통령이 된 과학자? 하임 바이쯔만」(박상준 글, 《KISTI의 과학향기 칼럼》, 2006.03.08)

고작 30원에 지구의 안전을 팔아넘기다!

무명으로 살다가 죽은 후에야 인정받은 예술가들이 있다. 빈센트 반 고흐가 대표적이다. 반대로 살아생전 영웅으로 추앙받았지만 죽어서 악당이 된 사람도 있다. 바로 천재 발명가 토머스 미즐리(Thomas Midgley, Jr., 1889~1944)다. 그의 대표적 발명품은 유연 휘발유이다. 대기오염을 일으키는 주범으로 알려진 유연 휘발유를 발명한 미즐리는 왜 영웅 대접을 받았을까?

주유소에 가면 '휘발유(무연)'라고 쓰여 있는데 휘발유면 휘발유지 왜 무연 휘발유라고 했을까? 여기에는 그럴만한 이유가 있다. 무연 휘발유가 개발되기 전에 유연 휘발유가 있었기 때문이다. 지금은 아예 쓰이지 않는다고 해도 좋을 정도로 찾아보기 힘들지만 오래된 클래식카는 유연 휘발유만 주유하는 경우도 있다. 이 유연 휘발유를 개발한 사람이 토머스 미즐리다. 미즐리는 미국의 기계기술자이자 화학자다. 미국에서 TEL이라고 불리는 테트라에틸납(tetraethyl납)을 첨가한 휘발유와 프레온 등을 포함해 100가지가 넘는 특허를 취득했다. 1911년 코넬대학교를 졸업한 후 제너럴 모터스(GM)의 자회사 데이턴 리서치 연구소 연구원으로 입사한 그는 유연 휘발유를 개발하여 화학품 개발자로서 명성을 얻었다.

1886년 개발된 자동차는 빠르게 대중화되었으나 아무것도

살아서는 영웅, 죽어서는 악당이 된 토머스 미즐리

첨가하지 않은 휘발유를 그대로 써서 노킹현상이 일어나는 경우가 많았다. 노킹현상은 내연 기관의 실린더 안에서 연료가 비정상적으로 연소하면서 생기는 폭발로, 금속을 두드리는 것과 같은 소리가 난다. 이는 자동차가 운행하는 도중에 엄청난 소음과 진동 그리고 연비저하를 일으켰고, 초기 자동차의 보급을 막는 원인이기도 했다. 미즐리는 노킹현상을 해결하기 위해 휘발유에 여러 물질을 첨가하는 실험을 해왔다.

처음에는 요오드(아이오딘)를 휘발유에 타서 엔진을 돌리면 효과가 있다는 걸 알았지만 요오드는 너무 비싸 대량생산이 어려웠다. 이후 미즐리는 꽤 오랜 시간 요오드를 대체할 물질을 찾는 데 할애했고, 1921년 12월 기름에 녹는 테트라에틸납이 들어간 휘발유가 노킹을 막아준다는 것을 발견하기에 이른다.

테트라에틸납을 첨가한 휘발유는 자동차의 노킹현상을 제거하는 데 상당한 공헌을 했고, 미즐리는 미국 화학회에서 윌리엄 H 니콜즈상을 받았다.

테트라에틸납은 특유의 냄새가 나는 기름처럼 생긴 액체로 독성이 강하다. 증기 또는 액체 형태로 피부, 기관, 점막 등을 통해 흡수되어 신경계통을 자극하고 심하게 노출되면 망상, 환각, 조증, 정신병적 행동, 발작(광적·폭력적 경련), 심한 과잉 행동, 안면 뒤틀림, 대뇌부종, 혼수, 사망을 일으킬 수 있다. 심한 중독으로 뇌병증과 구토가 일어나기도 한다.

이렇게 독성이 강한 납 외에 노킹현상을 줄일 물질은 없었을까? 지금도 많이 사용되는 에탄올이 있었는데도 납을 고집한 이유는 저렴하고 생산하기 쉬웠기 때문이다. 또 특허를 낼 수 없다는 것도 큰 걸림돌이었다. 미즐리는 에탄올로 휘발유를 만든다면 갤런당 3센트나 손해를 볼 것으로 판단했다. 반대로 생각하면 고작 3센트, 지금 우리 돈으로 약 30원에 지구의 안전을 팔아넘긴 셈이다.

납의 위험성은 이미 수천 년 전부터 공공연하게 알려진 사실이고 미즐리와 휘발유 제조사도 이 사실을 알고 있었다. 그래서 사용된 납의 정확한 명칭인 테트라에틸납에서 납을 지우고 에틸이라는 이름을 붙여 판매했다. 납이 들어간 휘발유가 연소를 하면서 당연히 대기 중의 납 농도가 증가하기 시작했고, 휘발유 공장의 노동자는 납중독으로 죽어가거나 몸이 마비되기도 했다. 실제로 미즐리도 납 가스 노출로 건강에 적신호가 왔다. 그런데도 에틸 제조 공장은 멈추지 않았다.

공장에서 죽어나가는 사람의 수가 계속 늘자 이 소식이 매스컴을 타기 시작하면서 에틸 판매가 잠시 중단되었다. 이때라도 완전히 멈췄다면 더 많은 생명을 살렸을 텐데 제조사들은 곧 에틸을 다시 제조해 판매하며 유연 휘발유를 적극적으

휘발유 첨가제 '에틸'의 상표

로 광고하기 시작했다. 빠르고 편리한 자동차는 순식간에 전 세계인의 기본 이동수단이 되었고, 그만큼 많은 사람이 납 가스에 중독되었다.

다행히 클레어 패터슨(Clair C. Patterson, 1922~1995)이라는 과학자의 노력으로 유연 휘발유의 제조가 금지되었다. 패터슨의 연구 결과에 따르면, 1923년 이전에는 대기 중에 납이 거의 없었는데, 유연 휘발유가 판매되면서 대기 중 납 농도가 높아져 위험수위에 이르렀다. 패터슨의 끊임없는 노력 덕분에 1986년에는 미국에서 유연 휘발유의 판매를 금지하는 법이 생겼고 1995년에는 미국 전역에서 유연 휘발유 판매가 완전히 금지되었다. 1970년대 이후 유연 휘발유를 대체할 수 있는 무연 휘발유가 개발되어 1980년대부터 전 세계적으로 사용되고 있지만, 미즐리는 자신이 세상을 발전시킨 영웅이라고 생각하며 눈을 감았을 것이다.

한 발명가가 세상에 어떤 영향을 미칠지 모르고 한 일이라고 치부하기에는 우리는 너무 많은 것을 잃었다. 고작 3센트에 진실을 외면한 대가는 컸다. 돌이킬 수 없을 만큼 환경이 오염되고 수많은 사람이 목숨을 잃었다. 그 결과 영웅으로 칭송받았던 발명왕은 최악의 발명가로 전락하고 말았다.

참고 자료

『인간의 흑역사』(톰 필립스 지음, 윌북) / 테트라에틸납, 네이버지식백과 / 「선을 지키면 존중받을 이유가 충분하다」(김병민 글, 《아시아경제》, 2021.01.27) / 「발명영웅 토머스 미즐리, 사후 역적 전락한 사연」(《뉴스엔》, 2011.07.17) / 유연 휘발유, 위키백과

세상에서 가장 운이 좋은 과학자

운칠기삼(運七技三)이라는 말은 운이 칠 할이고 재주나 노력이 삼 할이라는 뜻으로, 아무리 노력해도 일이 이루어지지 않거나, 노력을 들이지 않았는데 운 좋게 어떤 일이 성사되었을 때 쓴다. 어떤 사람이 별로 노력하지 않았는데도 하는 일마다 잘되어 성공을 거둘 경우, 인생사는 모두 운수나 재수에 달려 있어 인간의 노력으로 되지 않는다는 체념의 뜻으로 쓰기도 한다. 과학계에도 행운의 사나이가 있다. 세상에서 가장 운이 좋은 과학자, 조지프 프리스틀리(Joseph Priestley, 1733~1804)이다.

지우개, 탄산수, 산소는 서로 관련이 없어 보이지만 모두 한 사람의 행운 덕분에 세상의 빛을 보았다. 행운의 사나이 프리스틀리는 영국의 목사이자 화학자다. 총명했던 그는 12세부터 문법학교에 다녔고 언어 학습 능력이 뛰어나서 히브리어, 아랍어, 시리아어, 프랑스어, 독일어, 이탈리아어 등 여러 나라의 말을 익혔다. 문학교수로도 활동했으며, 역사와 교육 과정에 대한 폭넓은 관심을 바탕으로 저서를 여러 권 남겼다. 다방면에 관심이 많은 평범한 학자처럼 보이는 프리스틀리는 왜 운이 좋은 과학자로 불리게 되었을까?

프리스틀리의 첫 번째 행운은 고무지우개를 발명한 것이다. 18세기 중반 유럽에서는 문자를 수정하기 위해 식빵을 이용했기에 글을 많이 쓰는 작가들 옆에는 항상 빵과 빵가루가 산더미처럼 쌓여 있었다. 프리스틀리는 1770년 연필로 글을 쓰던 중 생고무로 만든 공으로 글자를 문질렀다가 글자가 깨끗이 지워진다는 것을 알았다. 그때부터 식빵으로 글자를 지우지 않고 생고무지우개를 발명하여 사용하게 되었다. 고무의 영어 이름 'rubber'가 여기서 나왔다. '문지르다'를 뜻하는 'rub'에 기능격 접사 'er'를 붙인 것이다.

프리스틀리는 탄산수도 정말 우연한 계기로 만들게 되었다. 영국 요크셔의 양조장 근처에서 살았던 프리스틀리는 우연히

조지프 프리스틀리

실험실 근처 양조장에서 발효된 곡물 찌꺼기 위로 이산화탄소 가스가 '떠다니는' 것을 보았다. 여기서 영감을 얻은 프리스틀리는 1771년에 이산화탄소를 주변 공기에 오염되지 않은 물이 담긴 용기에 주입했다. 그는 이 혼합물을 30분 동안 흔들어서 물이 이산화탄소를 흡수하게 만들었고, 이로써 세계 최초의 탄산 음료수를 만들었다. 프리스틀리는 1772년 탄산수가 음식의 부패 속도를 늦추고 장기간 항해 중 괴혈병 발생을 줄여준다는 사실을 상세히 다룬 책을 출간했다. 또 「물 속에 이산화탄소를 흡수시키는 방법」이라는 논문을 썼다.

이어 프리스틀리는 일산화질소, 이산화질소, 산화이질소,

염화수소, 암모니아, 이산화황 등 중요한 기체를 발견하고 동시에 기체를 취급하는 장치와 실험 기술을 고안하거나 개량했다. 1774년 어느날 프리스틀리는 커다란 렌즈로 햇빛을 모아 산화수은(Hg_2O)에 쪼여 연소시키니 수은과 함께 이름 모를 기체가 발생하는 걸 발견했다. 프리스틀리는 이 기체를 마시면 기분이 상쾌해진다고 기록했는데, 이것이 바로 산소였다. 그는 산소를 발견함으로써 기체 화학의 아버지라는 위명을 얻는다.

프리스틀리가 산소를 발견한 화학자로 알려지게 된 데도 운이 따랐다. 왜냐하면 사실 산소를 최초로 발견한 사람은 스

스톡홀름에 있는 칼 빌헬름 셸레의 동상

웨덴의 화학자 칼 빌헬름 셸레(Carl Wilhelm Scheele, 1742~1786)이기 때문이다. 셸레는 프리스틀리보다 2년 먼저 산소를 발견했다. 그는 1772년 잘게 부순 연망간석을 진한 황산에 녹이고 가열하여 산소를 얻었다. 당시 셸레는 산소를 새로운 기체라기보다 공기의 특정한 상태로 이해해 '불의 공기'라고 불렀다. 그는 이런 실험 내용을 담은 「불과 공기에 관한 화학적 논문」을 써서 출판사에 출판을 의뢰하고 여행을 떠났는데, 인쇄공의 실수로 책이 출간되지 못한 것이다. 이 책은 1777년에야 비로소 출간되었기 때문에 '산소의 발견자'라는 명예를 셸레가 획득하지는 못했다.

14세부터 약국 약제사로 있으면서 혼자 힘으로 화학과 화학 기술상의 중요한 공적을 남긴 셸레는 평생을 화학 연구에 몰두하다가 1786년 44세의 젊은 나이로 사망한다. 신장 이상과 피부 질환으로 병세가 심각했는데 사망 원인은 유독 물질 때문으로 추정한다. 그는 비소, 수은, 납, 불산 등의 유독 물질을 다루면서 맛을 보는 일을 반복했다. 프리스틀리가 행운의 과학자라면 셸레는 비운의 주인공인 셈이다.

"반복되는 운은 실력이고, 반복되는 실패는 습관이다"라는 말이 있지만 프리스틀리가 행운에만 의지했다면 업적을 남길 수 없었을 것이다. 프리스틀리는 신학, 철학, 언어, 화학, 물리학, 전기학에 이르기까지 수많은 저서를 남기고 1804년 일산화탄소 중독으로 허무하게 세상을 떠났다. 프리스틀리는 임종 직전에도 출판할 서적의 수정본을 아들에게 구술한 뒤 숨을 거두었다고 전해질 만큼 열정적이었다. 그의 운은 학문을 향한 끝없는 열정에서 비롯한 것으로 보인다.

참고 자료

운칠기삼, 두산백과 / 『죽기 전에 꼭 알아야 할 세상을 바꾼 발명품 1001』(잭 첼로너 지음, 마로니에북스) / 「프리스틀리, 과학을 위해 살고 과학을 위해 죽다」(이종호 글, 《KISTI의 과학향기》, 2014.04.09) / 「독을 먹어야 했던 흙수저 과학자」(김효정 글, 《동아사이언스》, 2017.01.24) / 「산소는 누가 발견했을까? 상」(신규진 글, 《탑클래스》, 2019.10.09) / 「산소는 누가 발견했을까? 중」(신규진 글, 《탑클래스》, 2019.10.23)

냉장고는 어떻게 발명되었나

'3종의 신기(神器)'라는 말이 있다. 귀중한 물건 또는 세 가지로 구성된 핵심적 제도를 말할 때 일본인이 즐겨쓰는 표현인데, 천황가의 보물, 즉 역대 천황이 대대로 물려받는다는 거울, 칼, 구슬을 일컬어 '3종의 신기'로 부르는 데서 나온 말이다. 1960년 초반 일본의 한 언론은 달라진 도시인들의 삶을 결정짓는 요소로 텔레비전, 세탁기, 냉장고를 꼽으며 '현대판 3종의 신기'라 평가했다. 이 중 냉장고는 가난한 인쇄공의 손에서 우연히 발명되었다.

냉장고가 발명되기 전에 인류가 사용한 것은 자연 상태의 얼음이었다. 냉장에 관한 기록 중 가장 오래된 것으로는 중국 전국시대에 발간된 『예기(禮記)』를 들 수 있다. 이 책에는 '벌빙지가(伐氷之家)'라는 말이 나오는데, 겨울에 얼음을 수확해 저장했다가 여름에 사용하는 집을 뜻한다. 우리나라의 경우에는 신라시대에 이미 석빙고(石氷庫)가 있었고, 조선시대에는 동빙고(東氷庫)와 서빙고(西氷庫)를 만들어 한강의 얼음을 저장했다가 사용했다.

당시에 얼음은 엄청난 사치품이었다. 주로 궁궐이나 왕실에서 쓰였고, 일부는 고위 관료들에게 하사되었다. 이에 반해 일반 사람들은 얼음이라고 하면 고된 노동을 떠올렸다. 한강에 있는 얼음을 자르는 것도 큰일이었지만, 이를 빙고까지 운반하는 것도 쉬운 일이 아니었기 때문이다. 좁은 빙고 안에서 무겁고 차가운 얼음덩어리들을 차곡차곡 쌓는 일도 무척 고통스러워 겨울철이 되면 한강 인근의 장정들은 채빙 부역을 피해 도망 다니곤 했다. 이러한 장정들을 기다리는 어린 부인들을 일컫는 '빙고청상(氷庫青孀)'이란 말까지 생겨났다고 한다.

서양에서도 19세기 중엽 미국의 뉴잉글랜드 지방에서는 수많은 인부가 호숫가에서 톱으로 얼음을 잘라 배에 실어 호주나 인도로 수출했다. 이러한 무역은 얼음을 만드는 기계가 발명된 19세기 말까지 계속되었다.

현대인의 필수품 냉장고

오늘날처럼 인위적으로 얼음을 만드는 기술은 영국 과학자 윌리엄 컬런(William Cullen, 1710~1790)이 처음 도전했다. 1748년 그는 땀이 마르면서 피부의 열을 빼앗듯이, 액체가 기체로 바뀌는 과정에서 주변의 열을 흡수한다는 점에 착안했다. 컬런은 가장 빠른 속도로 증발하는 물질을 찾던 중 에틸에테르에 주목했고, 그것을 반(半)진공 상태에서 기화시켜 물을 얼리는 데 성공한다. 그러나 그는 얼음 덩어리를 만드는 것에 만족했으며, 이를 산업적으로 발전시킬 생각은 하지 않았다.

그로부터 90여 년이 지난 1834년, 영국 발명가 제이컵 퍼킨스(Jacob Perkins, 1766~1849)는 얼음을 인공적으로 만드는 압축기를 개발해 특허 출원했다. 에테르를 압축하면 냉각 효과를 내면서 증발했다가 다시 응축되는 원리를 이용한 것이다. 냉매의 재료만 바뀌었을 뿐 오늘날 우리가 사용하는 냉장고의 냉각 원리도 이와 크게 다르지 않다. 퍼킨스가 발명한 것은 얼음을 만드는 압축기이니까 지금 우리가 쓰는 냉장고라고 볼 수는 없다. 그럼 진짜 냉장고는 언제 만들어졌을까?

정작 냉장고를 발명한 이는 과학자가 아니라 스코틀랜드 출신의 가난한 인쇄공 제임스 해리슨(James Harrison, 1816~1893)이다. 매일 활자에 낀 인쇄 잉크를 지워야 했던 그는 활자 세척에 사용하는 에테르가 증발하면서 손이 시리게 된다는 점에 주목했다. 제대로 된 교육을 받지 못해 과학 지식이 별로 없었

윌리엄 컬런 제이컵 퍼킨스

던 해리슨은 일단 열을 빼앗은 후 날아간 에테르 기체를 다시 액체로 만드는 방법을 알지 못했다.

그러나 해리슨은 포기하지 않고 공부하며 연구를 거듭한 끝에 기체에 압력을 가할 경우 액체로 바뀐다는 사실을 알아내곤 냉동용 공기 압축기인 컴프레서를 개발해 1862년 최초의 냉장고를 발명하는 데 성공했다. 해리슨이 만든 냉장고는 때마침 열린 국제박람회에서 몇 달 동안 냉동 보관한 고기를 아무 문제 없이 먹을 수 있다는 것을 증명하여 금메달을 받았다. 이후 육가공업, 맥주업체 등으로부터 폭발적인 인기를 얻었고 지금까지 해리슨은 '냉장고의 아버지'로 기억되고 있다.

해리슨이 세계 최초로 냉장고를 발명한 이후 사회는 급속도로 변화하게 되었다. 증기선에 냉장고를 탑재해 아르헨티나의 소고기, 서인도제도의 바나나, 생선 등이 신선한 상태로 유럽의 각 도시에 수출되기 시작한 것이다. 이러한 기류를 타고 등장한 대표적 음식이 바로 영국을 대표하는 '피시앤칩스(fish and chips)'다. 대구나 가자미 따위의 흰살생선으로 만든 생선튀김에 감자튀김을 곁들여 먹는 피시앤칩스는 증기선과 냉장 시스템의 등장으로 신선한 생선이 도시에 대량으로 공급되면서 대중화되었다.

가난하고 교육도 제대로 받지 못한 인쇄공이었지만 지치지 않는 열정과 도전으로 냉장고를 발명한 해리슨 덕분에 오늘날 우리는 사시사철 신선한 음식을 즐기며 풍요로운 식생활을 누릴 수 있게 되었다.

참고 자료

「'신3종의 신기 일본열도 달군다《한경비즈니스》, 2003.10.17) / 『세상을 바꾼 발명과 혁신』(송성수 지음, 생각의힘) / 「'냉장고에 부탁하지 마라'」(김범수 글, 《한국일보》, 2015.08.12) / 「'냉장고 인류 식생활을 변혁시킨 인쇄공'」(이성규 글, 《사이언스타임즈》, 2016.01.11) / 「얼음 저장고의 진화, 냉장고 히스토리」(《동부웹진》, 2016.09)

녹슬지 않는 철이 주방에 들어오기까지

'취미는 장비발'이라는 말이 있을 만큼 장비는 취미생활을 즐기는 데 필수 요소다. 요리를 좋아해 집에서도 요리를 즐기는 사람들은 주방용품에 관심이 많다. 다양한 주방용품 중 가장 많이 쓰는 식기류나 칼 등은 스테인리스스틸로 만든 제품이 많다. 반짝반짝 빛나는 스테인리스스틸은 언제부터 쓰게 됐을까?

철은 다른 금속과 합금이 잘되어 성형하기 쉽지만 공기나 물과 접촉했을 때 부식이 발생해 녹이 슨다는 게 단점이었다. 이 단점을 극복해낸 것이 바로 스테인리스스틸이다. 스테인리스는 '얼룩'이라는 의미의 '스테인(stain)'에 '없다'는 뜻의 접미사 '리스(less)'가 붙어 만들어진 단어로, 스테인리스스틸(stainless steel)은 얼룩이 없는 철, 즉 녹슬지 않은 철을 뜻한다. 스테인리스스틸은 가벼운 데다 물 세척만으로도 쉽게 씻기고, 오래 두어도 색이 변하지 않을 뿐 아니라 세균 번식도 막는 성질이 있어 식기, 수저, 식칼, 냄비, 솥, 주전자, 오븐 등 다양한 주방용품에 쓰인다.

스테인리스스틸은 해리 브리얼리(Harry Brearley, 1871~1948)가 발명했는데 여기에는 특별한 에피소드가 있다. 영국 셰필드 지역에 있는 철강회사 '브라운 퍼스'의 연구팀 책임자였던 브리얼리는 1912년 어느 날, 점심 식사를 마친 후 혼자 공장 뜰을 산책하다가 햇빛에 반사되어 반짝거리는 물체를 발견한

스테인리스스틸은 주방용품을 포함한 많은 분야에서 활용된다.

다. 가까이 다가가 살펴보니 얼마 전에 자신이 소총의 총신 재료로 개발하다가 버린 쇳조각 중 하나였다.

당시 소총의 총신은 뜨거운 화약으로 상처가 생기고 더러워져서 새로운 재료를 개발해야 했는데, 버려진 지 꽤 오래된 그 쇳조각은 몇 차례 비를 맞았을 텐데도 녹이 전혀 슬지 않았다. 브리얼리는 그 쇳조각을 실험실로 가져가 성분을 분석한 결과 철과 크롬의 합금이라는 것을 밝혀냈다.

브리얼리는 획기적인 발견을 했지만 사람들은 그의 발명품에 관심을 기울이지 않았다. 그가 새로 만든 금속은 기존의 방법으로는 쉽게 담금질할 수 없을뿐더러 지나치게 단단하여 가공하기도 쉽지 않았다. 게다가 얼마 후 제1차 세계 대전이 일어나는 바람에 그는 새로운 발명품에 대한 실험을 계속할 기회조차 잃어버렸다. 그러나 브리얼리는 포기하지 않고 철과 크롬의 비율을 측정하고 두 금속을 녹여서 새로운 합금을 만들었다. 즉, 철과 크롬을 녹여서 다양한 합금을 만들어낸 것이다. 브리얼리가 실험용으로 만든 이 합금은 공기 중에 두어도 녹슬지 않았고, 과일즙을 묻혀도 전혀 얼룩이 생기지 않았다. 브리얼리는 이렇게 녹슬지 않는 새로운 강철, 즉 스테인리스스틸을 만들어냈다.

스테인리스스틸은 크롬을 12퍼센트 이상 함유해 쉽게 녹슬

영국 셰필드에 있는 해리 브리얼리 기념비

지 않도록 제작한 것으로, 크롬이 철 표면에 얇은 막을 형성해서 산소가 철로 침투하는 것을 차단함으로써 녹이 슬지 않게 한다. 지금은 크롬 외에 니켈, 몰리브덴 등 기타 금속을 첨가하여 다양한 스테인리스스틸 제품이 생산되고 있다. 이러한 첨가물의 종류와 비율에 따라 강도와 연성, 내열성, 가공성 등 특성이 달라지기에 스테인리스스틸은 일상생활에서 다양한 용도로 활용되고 있다.

브리얼리의 집념은 평소 그의 성격에서 비롯했다. 철강 노동자의 아들로 태어난 브리얼리는 어린 시절부터 철을 좋아했고, 철과 관련된 모든 내용을 독학으로 배웠다. 취미도, 휴가도, 종교도 없었고 오직 철에만 관심을 쏟았다. 그는 스테인리스스틸을 발명해 큰 부자가 되었고, 이것으로 주방용품에는 큰 변화가 일어났다. 브리얼리는 공로를 인정받아 1920년에는 철강 기술자들에게 수여되는 베서머상을 받았다. 이 상은 1856년 연료를 쓰지 않고 산화의 발열을 이용하여 철이나 구리를 제련하는 전로를 발명한 영국 발명가 헨리 베서머(Henry Bessemer, 1813~1898)의 업적을 기려 제정된 것이다.

이후 스테인리스스틸은 많은 산업에 큰 변화를 가져왔다. 최근에는 일회용 플라스틱 빨대가 환경오염의 주범으로 꼽히면서 스테인리스 빨대를 사용하는 사람도 늘었다. 원래는 총기의 총신 개량을 연구하던 해리 브리얼리가 자신이 실패해서 버린 총신을 산책길에 우연히 발견하면서 스테인리스스틸이 발명된 것이다. 만약 그가 산책을 하지 않았다면 혹은 햇빛에 반짝이는 쇳조각을 그냥 지나쳤다면 스테인리스스틸은 아마 탄생하지 못했을 것이다.

참고 자료

『녹』(조나단 월드먼 지음, 반니) / 「무기 연구하다 주방용품 혁신」(이성규 글, 《사이언스타임즈》, 2015.11.10) / 「100년 전 英 연구원이 우연히 발견한 스테인리스강…… 비누부터 귀걸이까지 '무한 활용'」(《조선비즈》, 2017.10.01) / 스테인리스스틸, 나무위키

번개를 잡기 위해 뛰어든 과학자들

2019년 9월 중국 산둥성에서 10대 여학생 두 명이 인터넷 영상을 모방하다가 폭발이 일어나 한 명은 사망하고 한 명은 크게 다치는 일이 있었다. 이들은 음료 캔과 알코올램프를 이용해 팝콘을 만드는 실험을 하다가 온몸에 심한 화상을 입은 것이다.

검증되지 않은 실험은 엄청난 재앙으로 이어지지만 인류 발전에 도움이 되는 결과를 이끌어내는 위험한 실험도 있다. 루이 파스퇴르(Louis Pasteur, 1822~1895)가 광견병에 걸린 아이에게 광견병 병원체를 주입하는 위험한 실험을 한 덕분에 인류

벤저민 프랭클린이 하늘에서 전기를 끌어오다(Benjamin Franklin Drawing Electricity from the Sky), 벤저민 웨스트, 1816년 작

는 비로소 광견병에서 해방될 수 있었다. 동전의 양면 같은 위험한 실험, 세상에서 가장 위험한 실험을 한 또 한 사람이 있다. 그는 누구일까?

위험한 실험을 한 사람은 미국 정치가이자 과학자인 벤저민 프랭클린(Benjamin Franklin, 1706~1790)이다. 미국 '건국의 아버지'로 알려진 프랭클린은 100달러 지폐 앞면에서도 볼 수 있다. 미국의 화폐에 실린 인물 중 대통령이 아닌 사람은 10달러 모델인 초대 재무장관 알렉산더 해밀턴(1755/1757~1804)과 프랭클린뿐이다.

프랭클린은 피뢰침과 다초점 렌즈를 발명하고 번개의 방전(放電) 현상을 증명하는 등 과학 분야를 비롯해 고등 교육 기관 설립 따위의 문화 사업에도 공헌했다. 미국 독립선언 기초 위원·헌법 제정 위원 등을 지냈으며 문학적으로 높이 평가되는 『자서전』을 남겼다.

그런데 훌륭한 위인으로 알려진 프랭클린과 세상에서 가장 위험한 실험은 어떤 연관이 있을까? 프랭클린이 발명한 피뢰침은 이른바 '번개를 잡는 실험'에서 시작되었다. 번개는 구름과 구름, 구름과 대지 사이에서 전기의 방전이 일어나 번쩍이는 불꽃으로 소나기구름에서 일어나며 천둥을 동반한다. 옛날 사람들은 천둥과 번개가 치고 벼락이 내리는 것을 하늘이 노한 것으로 여겼다. 그리스 신화를 보면 하늘의 신들 중에서도 우두머리인 제우스가 번개를 만든다고 믿었다.

프랭클린은 번개가 전기의 일종이라 생각했고 번개를 모아서 그것을 증명하고자 세상에서 가장 유명하고 위험한 실험을 감행했다. 프랭클린은 번개가 전기를 띤다는 자신의 이론을 실험하기 위해 거주 중이던 필라델피아의 크라이스트교회 첨탑이 완공되기를 기다렸다.

하지만 교회 첨탑 건축이 예상보다 느리게 진행되자 1752년 6월, 21세의 아들 윌리엄과 함께 연을 띄워 번개를 모으려는 계획을 세웠다. 프랭클린과 윌리엄은 번개가 치기를 애타게 기다리다가 연을 날렸다. 손으로 만든 연은 삼나무 막대 두 개를 엇갈리게 엮은 뒤 커다란 비단 손수건을 묶은 구조였으며, 대마로 만든 긴 끈을 달았다.

처음에는 아무 일도 일어나지 않는 듯했다. 그러다 프랭클린은 머리 위로 뇌운이 지나가면 느슨하게 늘어진 끈이 똑바로 곧추선다는 것을 알아챘다. 끈에 달린 구리 열쇠에 주먹을 갖다 대자 확실히 전기 불꽃이 일었다.

실험 이후에 프랭클린은 이렇게 말했다. "순간적으로 매우 강한 충격을 받았지만 나는 아픔보다 기쁨을 훨씬 크게 느꼈다. 이 실험으로 번개가 구름 속에서 생기는 전기임을 증명했

게오르크 빌헬름 리히만

기 때문이다."

번개를 잡는 실험에 성공한 프랭클린은 불꽃을 일으키는 구리 열쇠에 보존된 전기를 축전기인 레이덴병에 모아 번개의 전기에 대한 연구를 계속했다. 그 무렵 러시아에서도 과학자 게오르크 빌헬름 리히만(Georg Wilhelm Richmann, 1711~1753)이 번개를 연구하고 있었다.

1753년 7월 어느 날 천둥과 번개가 치자 리히만은 전기세기를 측정할 수 있는 측정계가 있는 곳으로 서둘러 달려갔다. 그는 전기를 유도하기 위해 걸어놓은 금속이 만나는 지점에서 고개를 숙였다. 그때 하얀빛을 띤 시퍼런 불덩이가 허공을 가로지르며 그 금속선을 타고 리히만의 머리로 들어갔다. 안타깝게도 리히만은 벼락에 맞아 즉사하고 말았다.

번개를 연구하다가 번개에 맞아 즉사한 리히만 사건이 신문에 대서특필되었지만 프랭클린은 아랑곳하지 않고 새로운 실험을 시도했다. 번개의 전기를 이용해 종소리를 내는 실험을 계획한 그는 철사를 엮어서 양쪽 끝에 종을 매달고, 중간에는 청동으로 만든 조그만 공을 설치했다. 번개가 치자 종소리 대신 기다란 백색 광선의 번개가 바닥으로 환하게 내리꽂혔다. 번개가 종을 지나 땅으로 흡수된 것이다. 프랭클린은 이 결과를 응용하여 번개의 방전을 땅으로 흘려보내는 피뢰침을 발명했다.

요즘도 고층 건물의 옥상에 피뢰침이 있는 것을 볼 수 있는데 소재만 조금씩 달라졌을 뿐 피뢰침의 원리나 형태는 프랭클린이 처음 발명한 것과 유사하다. 피뢰침이 발명된 이후 낙뢰로 인한 피해는 전 세계적으로 확연하게 줄어들었다.

프랭클린은 피뢰침 외에도 하모니카, 난로, 다중초점렌즈 등 수많은 발명품을 남겼지만 특허를 출원하지는 않았다. 무엇이든 실용적으로 쓰일 때 가치가 생긴다고 여긴 만큼 사람들이 자신의 발명품을 쉽게 사용하고 더욱 발전시키기를 원했기 때문이다. 번개를 잡는 실험은 세상에서 가장 위험한 실험이었지만, 프랭클린 덕분에 우리 삶은 더 안전해졌으니 '세상을 바꾼 과학자'라는 수식어가 아깝지 않다.

참고 자료

「유튜브 실험 따라하다가 '펑'…… 중국 10대 여학생 사망」(《동아일보》, 2019.09.23) / 「세상에서 가장 위험했던 실험」(이성규 글, 《사이언스타임즈》, 2015.07.27) / 「손으로 번개를 잡은 남자」(김효정 글, 《동아사이언스》, 2017.01.15) / 『죽기 전에 꼭 알아야 할 세계 역사 1001 Days』(마이클 우드, 피터 퍼타도 지음, 마로니에북스) / 「그들의 희생을 딛고 현대 과학이 섰다 '과학의 순교자'」(《부산일보》, 2014.01.24) / 벤저민 프랭클린, 위키백과 / 「세상에서 가장 아찔한 실험」(과학이야기, 《엘지사이언스랜드》, 2018.06.12)

SCIENCE

5

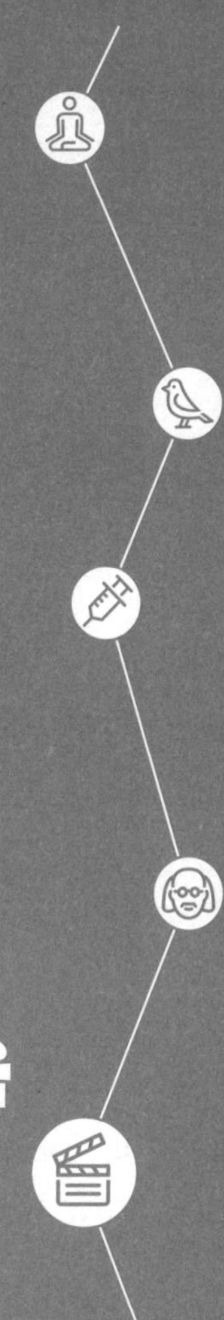

일상 속 과학 이야기

별은 왜 ☆ 모양일까?

밤하늘에 빛나는 별만큼 오랜 세월 사람들의 사랑과 관심을 받아온 대상도 없을 것이다. 그런데 우리는 별을 그리라고 하면 다섯 뿔이 달린 모양(☆)을 먼저 떠올린다. ☆은 사람들 사이에서 오랫동안 별을 뜻하는 문자로 사용되었다.

그럼 왜 ☆이 별 모양이 되었을까?

별 모양은 육각형, 칠각형, 팔각형 또는 그보다 꼭짓점이 많은 것도 있다. 이렇듯 다양한 별 모양 가운데 오각형이 가장 널리 쓰이게 된 이유는 무엇이고 누가, 언제부터 별을 이런 모양으로 그렸을까?

오각형의 별 모양은 피타고라스 정리로 유명한 고대 그리스의 수학자 피타고라스(Pythagoras, BC 580~BC 500)가 제안했다고 알려져 있다. 밤하늘의 별 보기를 좋아한 피타고라스와 동료들은 우주를 가장 아름답고 조화로운 곳이라고 생각했다. 그래서 조화를 뜻하는 코스모스(Cosmos)라는 단어로 우주를 표현했으니 코스모스가 우주를 뜻하는 말이 된 것도 피타고라스 덕분이다.

피타고라스는 고대에 뛰어난 학자 중 한 사람으로 따르는 사람이 많아 피타고라스 학파까지 생겼다. 이 학파는 기원전 6세기~기원전 4세기 사이에 피타고라스와 그 계승자들의 활약으로 번성한 철학 분파다.

이 위대한 수학자는 우주에서 가장 아름답고 완벽한 모양을 연구하면서 이를 숫자와 연관지었다. 우주 전체가 수학적 알고리즘에 기초해서 존재한다고 판단한 것이다. 그래서 1은 신, 2는 남자, 3은 여자를 가리키고 2와 3을 더한 5는 사랑과 혼인을 뜻한다고 보았다.

피타고라스는 점 다섯 개로 이루어진 오각형을 가장 안정되고 완벽한 모양이라 여겼는데, 별 모양은 이런 오각형 안의 꼭짓점을 연결해서 나왔다.

비율과 균형을 중시했던 고대 그리스의 풍토를 생각하면 피타고라스가 별 모양을 발견하고 얼마나 기뻐했을지 상상이 간다. 피타고라스 학파는 별 문양을 가슴에 달고 다니면서 자신들의 표식으로 사용했으며, 그 이후 별 모양은 더욱 널리 알려져 밤하늘의 별을 상징하는 대표적인 기호가 되었다.

오각형 안에 그려진 ☆을 펜타그램(Pentagram)이라 한다. 옛날 사람들은 오각형을 가장 완벽하다고 생각했기에 성스러움의 상징으로 여겼다. 반면 반대로 뒤집힌 오각형은 가장 불안정한 모양으로 생각해 사악하다고 여겼다.

점성술사들은 ☆의 맨 위 꼭짓점을 신 또는 영혼이라 보았으며, 그 외 꼭짓점은 오른쪽 위부터 시계방향으로 고대 그리스에서 우주의 기본 요소로 본 4대 원소인 공기, 물, 불, 흙이라고 했다. 이들은 ☆을 신과 인간 세상을 연결하는 문양으로

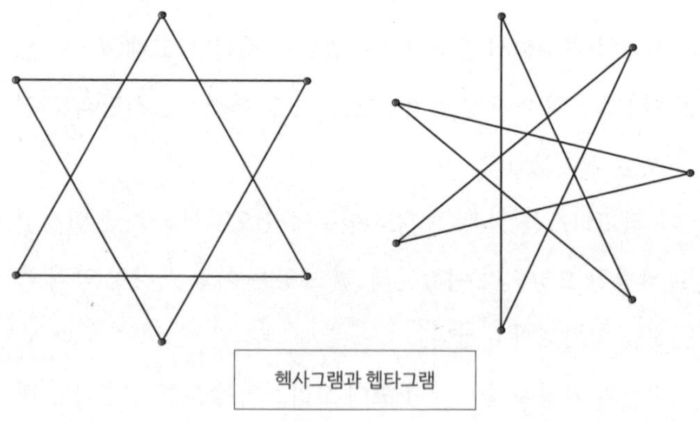

헥사그램과 헵타그램

보았던 것이다.

꼭짓점이 여섯 개인 도형은 헥사그램으로 불렸는데, 두 개의 삼각형을 겹쳐 놓으면서 하나를 거꾸로 놓은 것이다. 이는 이스라엘 국기에 나타나며 다윗의 방패를 상징한다고 하여 다윗의 별이라고도 부른다. 칠각형 모양의 별인 헵타그램은 창조의 7일을 상징하는 데 사용되어서 일부 기독교 지역에서 악을 물리치는 표식으로 사용했다. 팔각형 모양의 별은 옥타그램이라고 한다.

고대 그리스인은 수를 만물의 근원이라고 보았다. 세상 만물이 다 각각의 숫자와 관련이 있다는 것이다. 예를 들어 자연이 만들어낸 최고 비율로 변하지 않는 아름다운 자연의 비율이라는 황금 비율은 직사각형의 비율이 1:1.618로 이루어졌을

호주의 국기. 헵타그램 다섯 개와 펜타그램 한 개를 볼 수 있다.

때 가장 균형 잡힌 안정감을 준다고 한다. 황금 비율은 밀로의 비너스상, 파리의 개선문, 그리스의 파르테논 신전은 물론 삼국시대의 금동반가사유상에서도 발견할 수 있다.

가장 안정되고 완벽한 모양인 오각형 또한 황금 비율과 관련이 있다. 오각형 안에서 꼭짓점들을 연결하면 가운데에 작은 오각형이 생기고 그 오각형 각각의 변마다 삼각형이 연결된다. 이렇게 삼각형 날개가 다섯 개인 작은 오각형이 별 모양이 된다.

오각형 안에는 별 모양을 계속 그릴 수 있는데 이때 별 모양을 이루는 선들을 가장 짧은 직선부터 가장 긴 직선까지 이웃하는 선들과 길이 순서대로 두 개씩 비교해보면 그 선들의 비율이 놀랍게도 모두 황금 비율로 되어 있다.

우리가 쉽게 그리는 별 모양이 완벽함과 아름다움을 간직했을 뿐 아니라 황금 비율 같은 심오한 세계가 그 모양에 들어있다는 사실이 놀랍고 신기하기만 하다. 우주 공간에서 별은 고요하게 빛나는 한 점으로 보인다. 지구에서는 대기를 통과해서 온 별빛을 보게 되는데, 이때 대기에 의해 굴절되어 별빛의 방향이 바뀌고 흔들리게 되며, 이것이 눈 깜빡할 사이에 일어나서 우리 눈에 별이 빛나는 것처럼 보일 뿐 별 자체가 반짝이지는 않는다.

밤하늘에서 우리가 볼 수 있는 별은 3,000개 정도이지만 요즘은 불빛 때문에 별을 쉽게 볼 수 없다. 불빛이 없는 한적한 곳에 갈 기회가 있다면, 하늘에서 쏟아질 듯 반짝이는 무수한 별을 보며 꿈을 꾸어도 좋을 것이다.

참고 자료

『한 권으로 끝내는 수학』(패트리샤 반스 스바니 외 지음, 지브레인) / 「별을 오각형(☆)으로 그리는 이유」(이태형 글, 《사이언스타임즈》, 2016.03.17) / 「별은 왜 ☆ 모양일까?」(EBS 동영상, 2013.12.19) / 「별 모양은 왜 ☆ 모양일까?」(모두의 해결사, 2019) / 「별이란 무엇일까?」(이태형 글, 《사이언스타임즈》, 2016.03.24) / 피타고라스, 위키백과

비행기 창문이 둥글게 바뀐 까닭

SCIENCE 42

일상 속 과학 이야기

비행기가 발명되기 전 인류는 새처럼 하늘을 나는 꿈을 꾸었다. 미국의 라이트 형제가 세계 최초로 실질적 비행에 성공한 이후 인류는 비행기를 타고 세계 어디든 가고 싶은 곳으로 날아간다. 그러다보니 내게 맞는 좌석을 선택하는 것도 중요한 일이 되었다. 솜사탕 같은 구름, 지는 석양의 경이로움을 볼 수 있는 창가 자리는 인기가 높아 가장 먼저 매진된다.

특히 둥근 창문과 파란 하늘이 함께 찍힌 사진을 보면 더 감성적인 분위기가 난다. 그런데 우리가 일상에서 보는 건물, 버스, 집의 창문은 모두 네모 모양인데 비행기 창문은 왜 둥근

창문이 네모난 드 하빌랜드사의 카미트 1A

모양일까? 원래는 네모 모양이었다가 둥근 모양으로 바뀐 비행기 창문에 숨겨진 비밀을 들여다보자.

비행기 창문이 둥근 모양으로 바뀐 데는 뜻밖의 사고가 계기가 되었다. 1950년대에 세계 최초로 상업용 제트 여객기가 만들어졌다. 영국의 항공기 제작사 드 하빌랜드(de Havilland)가 만든 최초의 제트 여객기 카미트(DH.106 Comet)가 그 주인공이다.

카미트는 전체 탑승 인원이 42명밖에 안 되는 작은 여객기였지만 프로펠러 엔진의 소음과 진동으로 불편하기만 했던 이전 여객기에 비해 차원이 다른 쾌적함을 주었다. 게다가 기술 부족으로 고도를 높이지 못해 난기류를 뚫고 갈 수밖에 없던 프로펠러 여객기와 달리 훨씬 높은 고도에서 안전하게 비행할

뿐 아니라 속도도 두 배 이상 빨랐다.

그런데 1953년 5월 인도 콜카타에서 이륙하던 제트 여객기가 악천후 속에서 공중 분해 되는 사건이 발생한다. 또한 1954년 1월에는 이탈리아 로마에서 영국 런던으로 가던 제트 여객기가 공중에서 폭발했다. 그리고 1954년 4월에는 로마를 떠나 이집트 카이로로 가던 같은 기종의 여객기가 또다시 지중해에 추락해 21명이 목숨을 잃었다. 이 세 번의 사고로 사상자가 99명이나 나오자 전 세계에서 카미트 기종의 비행을 금지시켰다.

항공사에서는 사고를 조사하기 위해 대규모 조사위원회를 꾸렸고, 추락한 비행기에서 나온 파편을 조사한 결과 사고 원인이 밝혀졌다. 이렇듯 엄청나고 끔찍한 참사의 원인은 황당하게도 창문 모양에 있었다. 이때까지만 해도 비행기뿐 아니라 건물의 창문은 모두 네모 모양으로 만들었는데 왜 창문 모양이 사고 원인이 되었을까?

비행기에서 가장 중요한 것은 높은 고도에서도 기압을 지상에서 느끼는 것과 비슷하게 만들어주는 기내 여압 장치다. 1950년대에 널리 쓰이기 시작한 이 장치에 문제가 생기면 기압이 낮아져 사람이 정신을 잃거나 사망할 수도 있다.

그런데 연료 절감 효과와 기내 소음을 줄여주는 장점이 있는 이 장치에 드러나지 않았던 문제점이 있었다. 항공기 동체에 피로가 쌓이게 되고 어느 정도 한계점을 넘어가면 눈에 보이지 않는 작은 균열을 만들어내는 것이다. 특히 사각 형태는 네 군데 꼭지 부분이 외부 압력에 가장 약해 꼭지부터 균열이 생겨 주변으로 퍼져나가는데, 이를 '피로 파괴(Fatigue Crack)'라 한다. 창문이 네모난 비행기는 이 피로 파괴에 취약해 균열이 쉽게 생기는 것이다.

참사 이후 만들어진 모든 비행기는 압력을 분산하기 위해 창문 모서리를 둥글게 만들었다. 응력 집중을 최소화해 피로 파괴를 막는 방법은 크게 두 가지인데, 창문을 최대한 둥글게 만들어 응력이 골고루 분산되도록 하거나 모서리 부위의 두께를 더 두껍게 하는 것이다. 항공기는 연료 소모를 줄이려면 동체를 최대한 가볍게 만들어야 하므로 두께를 강화하는 대신 창문을 둥글게 만드는 방식이 채택되었다.

에어버스사의 A220-300기에서 둥근 창문을 볼 수 있다.

비행기뿐 아니라 깊은 바닷속을 다니는 잠수정과 우주왕복선도 창문 모양이 둥근데, 이것도 강한 압력에 대비하려는 목적이다. 또 압력 차가 큰 높은 고도에서 피로 파괴가 나타나므로 제트기보다 훨씬 낮은 고도에서 비행하는 여객기는 창문이 네모 모양이어도 큰 이상이 없다.

비행기 창문에는 또 다른 비밀이 있다. 비행기 창문을 톡톡 두드려보면 유리 창문의 느낌과 왠지 다르다. 창문을 유리가 아닌 투명한 아크릴판으로 만들기 때문이다. 왜 아크릴판으로 창문을 만들까? 비행기 창문은 비행기 내외부의 압력 차를 버틸 수 있어야 하고 깨지지 않아야 하는데, 아크릴은 유리보다 가벼우면서도 유연성이 크기 때문이다.

삼중으로 된 아크릴 창문에서 가운데 판에는 작은 구멍이 뚫려 있다. 이 구멍이 공기를 순환하게 하고 내외부의 온도 차이를 줄여주며 압력을 균형 있게 조절해준다. 실내 쪽 창문 판은 방음과 보온을 맡고, 가장 바깥쪽 창문 판은 기내 여압이 외부로 새는 걸 방지한다. 추운 날 자동차를 타면 창문에 뿌옇게 김이 서리는데 비행기는 이 구멍 덕분에 온도 차가 큰 곳을 날아다녀도 김이 잘 서리지 않는다. 그렇다고 해서 이 구멍으로 바람이 새어 들어오지는 않는다.

비행기 창문이 둥근 까닭이 디자인이 아니라 적지 않은 사고로 얻어낸 교훈 때문이고, 또한 과학적 이유까지 있다니 놀랍기만 하다. 알게 되면 보인다고 했다. 비행기를 탈 기회가 있어 운 좋게 창가 쪽 자리에 앉았다면 창문 모양을 자세히 들여다보자. 구멍이 어디 있는지 찾아보고 살짝 두드려도 보자. 앞선 희생으로 좀 더 안전하게 하늘을 날게 되었다는 사실에 감사하는 마음도 가져보자.

참고 자료

「항공기 창이 둥근 모양인 이유가 뭘까?」(한국공항공사 블로그) / 「비행기 창문이 동그란 이유를 아시나요?」(《조선일보》, 2016.01.28) / 「비행기 창문은 왜 네모가 아닐까?(《시사원정대》, 2020.11.17) / 「비행기 창문도 스트레스받는다…… 세 번의 추락이 바꾼 '둥근 창'」(《중앙일보》, 2020.09.25)

요리사는 왜 토그를 쓰게 되었나

식당에서 가장 바쁜 곳은 어디일까? 바로 음식을 만드는 주방이다. 이들 요리사 모습에서 가장 눈에 띄는 것은 머리에 쓴 길고 흰 모자다. 이것은 요리사에게 단순한 모자를 넘어 명예와도 같은 것이다.

하지만 긴 모자를 머리에 얹은 듯한 모습을 보고 있으면 모자가 어느 순간 아래로 툭 떨어질 것만 같다. 또 음식을 만드는 데도 거추장스러울 듯한데 요리사는 왜 이런 모자를 쓰게 되었을까? 요리사 모자가 감추고 있는 비밀을 들춰보자.

요리사들이 쓴 모자의 정식 이름은 '토그 브란슈(toque

blanche)'다. 토그의 어원은 아랍어에서 찾을 수 있는데, '둥근 모자'를 뜻하는 말에서 시작되었으며, 좁은 챙 또는 챙이 없는 모자를 뜻하기도 한다. 하지만 토그는 움직임도 많고 바쁜 주방에서 쓰기에는 여간 불편해 보이지 않는다. 그런데 요리사들이 이런 모자를 쓰게 된 데는 몇 가지 이야기가 전해온다.

요리에 대한 애정이 남달랐던 영국의 왕 헨리 8세(재위 1509~1547)는 요리 내용과 순서 등을 메모해서 식탁에 놓고 그 순서대로 음식을 즐겼다. 그러던 어느 날 식탁에 올라온 수프에서 머리카락이 한 올 나왔다. 헨리 8세는 그 자리에서 요리사의 목을 베었고, 다른 요리사들은 머리카락이 나오지 않도록 이때부터 모자를 쓰게 되었다. 이때의 모자는 머리카락만 가려

토그를 쓰고 일하는 요리사들

주는 정도의 낮은 모자였다.

그런데 주방은 음식을 하려면 불을 피워야 하다보니 너무 더워서 땀이 많이 흘렀다. 요리사들이 땀을 많이 흘리면 그것도 비위생적이다. 그래서 이런 문제를 해결하기 위해 고안한 모자가 바로 토그 브란슈다. 이는 통풍을 고려해서 얇고 길쭉한 모양으로 만들어졌다. 이로써 요리사들은 땀을 덜 흘리고 머리카락도 흘리지 않게 되었다.

또 하나의 이야기는 프랑스의 천재 요리사 마리 앙투안 카렘(Marie-Antoine Caréme, 1784~1833)이 멋을 위해 처음 쓰기 시작했다는 것이다. 19세기 초 프랑스 요리의 창시자로 평가받는 카렘은 주로 프랑스와 영국, 러시아 등의 최고위층 사람들을 상대로 한 요리를 담당하고 있었다. 어느 날 한 손님이 길쭉하고 흰 모자를 쓰고 그의 식당을 방문했는데, 이를 본 카렘이 멋있다고 생각하여 주방에서 쓰기 시작했다. 요리사로 인기 정점에 있던 카렘의 패션이 다른 요리사들에게 자극을 주었고, 이것이 유행처럼 번져나가 하나의 문화가 되었다는 에피소드다. 카렘이 높이가 50센티미터나 되는 토그를 썼다는 이야기도 있다.

요리사의 세계인 주방은 요리사 사이에 서열이 확실하기로 유명하다. 주방은 불이나 칼 등 자칫 한눈을 팔면 큰 사고로

프랑스 요리의 창시자로 알려진 마리 앙투안 카렘

이어질 수 있는 위험한 도구가 많다보니 그럴 수밖에 없을 것이다. 그러다보니 각자 지위를 나타낼 수단이 필요했는데, 이것이 토그 브란슈로 표현되었다. 즉 높이가 높을수록 주방에서 지위가 높아지는데, 일부에서는 지위를 돋보이려고 천장에 닿는 토그를 쓰기도 했다.

하지만 너무 높은 모자는 이동과 활동에 불편한 데다 우스꽝스러워 보일 수 있어 요즘에는 목에 머플러를 하고 색으로 지위를 구분하기도 한다. 토그는 요리사 모자뿐 아니라 오랫동안 무슬림 신자, 교황의 모자를 지칭하는 말이었고 오늘날에는 승마 모자를 뜻하기도 한다.

토그와 관련해 재미있는 사실은 길이만이 아니라 주름 수에도 있다. 예전에는 요리사가 달걀로 할 수 있는 요리의 개수를 근거로 토그의 주름을 잡았다. 달걀은 가격이나 영양 면에서 최고였고, 어떤 식사 메뉴나 코스에도 가장 훌륭하게 적용되는 식재료였다. 그렇기에 달걀이 토그의 주름 개수를 정하는 기준이 되었다고 추측할 수 있다.

요리사를 꿈꾸는 사람이라면 누구나 토그 브란슈를 쓰고 요리하는 모습을 상상할 것이다. 하지만 겉모습만 생각할 게 아니라 토그 브란슈를 쓰는 이유와 유래도 안다면 요리사가 추구하는 것을 좀 더 깊이 생각해볼 수 있지 않을까? 요리사의 토그에는 음식에 대한 열정과 마음 그리고 역사가 함께 담겨 있으니 말이다.

참고 자료

「셰프는 왜 그 요상한 모자를 쓰는 걸까?」(세프뉴스, 《ㅍㅍㅅㅅ》, 2018.02.17) / 『요리 명인, 모자를 보면 알 수 있다고?』(정승호 지음, 파퓰러사이언스) / 「셰프의 상징인 요리사 모자의 이름과 유래」(《시선뉴스》, 2019.07.16)

거짓말 탐지기도 거짓말을 할까?

영화나 드라마에서 경찰이 범인을 잡기 위해 거짓말 탐지기를 이용하는 장면을 보면 검사관은 기계가 그려내는 그래프 높낮이에 따라 거짓으로 하는 말과 진실한 말을 가려낸다. '쇼킹 라이어'라는 장난감 거짓말 탐지기에 손을 올리고 거짓을 말하면 손에 전기가 오르는 장면도 예능 프로그램에서 흔히 볼 수 있다. 그렇다면 거짓말 탐지기만 있으면 거짓을 모두 찾아낼 수 있을까? 반대로 거짓말 탐지기는 거짓말을 전혀 하지 않을까?

인간은 거짓말을 하면 자신도 모르게 맥박이 빨라지거나 식

거짓말 탐지기는 정말 거짓말을 판별할 수 있을까?

은땀이 흐르거나 호흡과 혈압의 변화가 나타난다. 또 눈동자가 커지고 카테콜아민이라는 신경전달 물질이 코를 자극해 코가 간지럽기도 하다. 그럼 수사에서 이용하는 거짓말 탐지기는 이 변화를 모두 알아챌까? 거짓말 탐지기는 손에 땀이 얼마나 차 있는지로 거짓과 진실을 구분하는 쇼킹 라이어보다 더 정교하고 많은 정보를 수집하는데, 이때 사용되는 기계를 폴리그래프(Polygraph)라고 한다. 이는 그리스어로 '많은'을 뜻하는 poly와 '기록하다'를 뜻하는 graph의 합성어로 '많은 것을 기록한다'는 의미가 있다. 거짓말 탐지기인 폴리그래프는 호흡과 심장 박동 변화는 물론 카메라로 눈동자 변화, 미간과 코끝의 온도 변화까지 잡아내며 뇌파의 변화를 알아낸다.

이러한 거짓말 탐지기의 정확도는 연구마다 다른 수치를 보인다. 미국 국립과학원은 약 80퍼센트, 미국 의료협회는 75퍼센트에서 97퍼센트까지라고 밝혔다. 이것만 봐도 어느정도 믿을 만하지만 아직 법적 증거로 채택하지 않고 있다. 이유는 20퍼센트 또는 25퍼센트에서 3퍼센트에 해당하는 오류 확률 때문이다. 거짓말 탐지기는 거짓말을 하는지 알아내는 것이 아니라 거짓말할 때 나타나는 신체 변화를 보여주는 것이므로 오류를 무시할 수 없다. 예를 들어 경찰 조사를 받는다는 사실만으로도 불안하고 초조해져 신체 변화가 나타나 진실인데도

1937년 미국의 발명가 레오나르데 킬러(Leonarde Keeler, 1903~1949)가 자신이 개량한 폴리그래프를 사용하고 있다.

거짓말이라는 잘못된 결과가 나올 수 있다. 반대로 감정을 잘 느끼지 못하는 사이코패스나 허언증 환자에게는 거짓말 탐지기가 무용지물이 될 수 있다. 그래서 전문가들은 폴리그래프 기계 자체보다는 폴리그래프를 조작하며 적당한 질문을 하고, 그 결과를 판독하는 폴리그래프 전문가가 더 중요하다고 말한다.

신체 변화를 측정하는 기계로만 본다면 거짓말 탐지기는 절대 거짓말을 하지 않지만 사람이 거짓말을 하는지 알아내는 기계로 본다면 거짓말 탐지기도 거짓말을 한다. 실제로 미국에서 한 남자가 피살된 사건에서 혐의자로 조사받은 옆집 남자가 거짓말 탐지기 조사를 받고 살인죄로 기소되었지만 나중에 진범이 잡히면서 풀려났다. 그는 검사 당시 너무 떨었는데 그 이유가 평소 죽은 남자를 미워한 데 따른 죄책감 때문이었다. 거짓말 탐지기가 죄 없는 사람을 잡을 수 있다는 걸 보여준 것이다.

거짓말 탐지기는 사람이 거짓말을 하면 그것이 탄로 날까봐 겁이 나 불안과 초조를 느낀다는 사실을 전제로 한다. 이 때문에 거짓말 검사를 할 때는 '긴장 정점 검사'라는 사전 장치가 필요하다. 거짓말을 할 사람은 최대한 초조하게 만들고, 진실을 말할 사람은 최대한 편안하게 만드는 게 이 검사의 임무다. 이렇게 해야 실제 검사 때 거짓말하는 사람의 초조감을 측정하기가 쉬워진다.

그럼 거짓말을 해도 얼굴색 하나 변하지 않는 강심장이나 진실을 말하면서도 가슴이 콩콩 뛰는 새가슴의 거짓말도 탐지기가 잡아낼 수 있을까? 거짓말을 할 때 사람이 느끼는 긴장감은 자율신경에 지배된다. 그래서 아무리 강심장이라도 거짓말을 하면 혈압이 높아지고 맥박이 빨라진다. 일단 변화만 있다면 그 크기는 상관없는데, 탐지기가 변화의 크기를 상대 평가로 잡아내기 때문이다.

상대 평가에 사용하는 질문이 바로 응답자가 의심받을까 봐 '아니요'라고 거짓말할 수밖에 없도록 유도하는 컨트롤 질문이다. 이는 돈을 훔친 용의자에게 돈을 훔쳤다고 묻기 전에 "지금까지 살아오면서 당신은 남의 물건을 훔친 적이 있습니까?"라는 식의 유도 질문을 한다. 이때 혈압과 맥박, 피부 전기 반응 등을 측정하는데 "아니오"라고 거짓말을 할 경우 강심장이라면 약하게, 새가슴이라면 강하게 나타날 수 있다.

거짓말 탐지기가 규정하는 거짓말은 객관적 사실에 위배되는지가 아니다. 검사받는 사람이 진실로 믿는 것을 그대로 말하면 탐지기는 객관적 사실이 무엇이냐와 관계없이 그것을 진실로 측정한다. 어떤 성격의 거짓말이냐도 판별에 영향을 미친다. 거짓말이 탄로 나도 전혀 초조할 이유가 없는 거짓말,

즉 아침을 먹었는데도 안 먹었다고 하는 거짓말은 탐지기로 측정하기 어렵다. 이밖에 병이 있거나 심리적으로 불안한 사람, 임산부나 수면 부족 등 신체적으로 정상이 아닌 사람은 아예 검사 대상이 되지 않으며, 검사를 원하지 않는 사람에게 강제로 검사받게 할 수 없다.

거짓말은 인체의 활동 가운데 에너지 소모가 큰 노동이라고 한다. 거짓말은 거짓말을 낳으니 거짓말을 숨기려면 다시 거짓말을 해야 하고, 어떤 거짓말을 했는지 기억해야 그에 맞는 거짓말을 더 할 수 있기 때문이다. 인간이 8분에 한 번꼴로 거짓말을 하고, 하루 200번 정도 거짓말을 한다고 하더라도 사람 마음을 읽지 못하는 기계를 마음 판독기라도 되는 듯 취급하지는 말아야겠다.

참고 자료

「'99.97%' 거짓말 탐지기는 거짓말을 못한다」(《동아일보》, 2003.06.19) / 「거짓말 탐지기의 비밀」(《아시아경제》, 2020.02.04) / 「가끔 생사람 잡는 거짓말 탐지기 맹신했다간 큰코」(《중앙일보》, 2019.03.23)

신비한 육각형의 세계

육각형은 선분 여섯 개에 둘러싸인 도형으로 꼭짓점과 변이 각각 여섯 개씩 있다. 육각형은 우리 주변에서 흔히 볼 수 있는데, 먼저 벌집은 육각형 모양으로 되어 있다. 눈 결정은 대개 육각형이다. 비눗방울 여러 개가 만나면 육각형으로 변신한다. 자동차와 기차의 충돌 완화 장치도 육각형 구조로 되어 있다. 도대체 육각형에 어떤 비밀이 있기에 자연물인 벌집이나 눈은 물론 인공물인 자동차나 기차에도 육각형을 적용했을까? 신비한 육각형의 세계로 들어가 보자.

꿀벌이 육각형 구조의 벌집을 짓는 이유는 오랫동안 학자들

벌집의 육각형 구조

의 연구 대상이었다. 벌집 구조의 비밀은 1965년 헝가리 수학자 페예시 토트(Fejes Toth, 1915~2005)가 수학적으로 증명해 냈다. 꿀벌은 벌집 방 안에서 새끼를 키울 뿐 아니라 열심히 모아온 꿀과 화분을 방에 안전하게 보관해야 한다. 그러려면 외부의 힘에 의해 붕괴되지 않는 안정적인 구조로 튼튼하고 넓은 공간을 만들어야 했다. 그래서 벌이 만든 육각형 방의 벽두께는 0.1밀리미터이며, 방 무게의 30배나 되는 꿀을 담을 수 있을 만큼 견고하다.

벌집이 육각형이 아니라고 가정해보면 어떤 문제가 생길까? 벌집이 원 모양이라면 서로 붙여놨을 때 빈틈이 너무 많이 생긴다. 그래서 효율성이 다른 모양에 비해 가장 많이 떨어진다. 벌집이 정삼각형이라면 정육각형보다 넓이가 좁아서 집을 짓는 재료가 많이 들어 비효율적이다. 정사각형의 경우는 위나 옆에서 압력을 받으면 힘이나 충격이 분산되지 않아서 쉽게 비틀리거나 찌그러진다. 그에 비해 정육각형은 맞닿아 있는 변에 압력을 받을 때, 특히 위에서 아래로 누르는 힘에 버티는 힘이 대단하다. 그래서 육각형은 많이 모일수록 더 안정적이고 튼튼한 구조를 만들 수 있다.

거북이 등, 잠자리 날개에도 있는 육각형 구조는 벌집이나 눈의 결정체 같은 자연물뿐만 아니라 축구공, 암나사와 수나사, 철조망에도 적용한다. 압력을 많이 받을 수밖에 없는 비행기나 인공위성, 자동차나 고속열차 앞부분에도 충돌 완화 장치로 이 구조를 적용하며 원목 가구, 컴퓨터, 노트북 등 우리가 미처 알아채지 못하는 많은 것에도 육각형 구조가 숨어 있다.

육각형은 대형 망원경을 만들 때도 활용된다. 대형 망원경의 거울은 두께가 1미터는 되어야 휘거나 뒤틀리지 않는다. 그래서 거울 뒷면을 벌집처럼 육각형으로 파내 튼튼하면서도 무게는 가볍게 하는 방법을 채택했다. 그렇지 않으면 165톤이나 되는 무게를 버틸 수 없기 때문이다. 게다가 거울이 무거우면 순간순간 빠르게 움직여 천체를 추적하기 어렵다. 거울은 열을 받으면 팽창하고 식으면 수축하는데, 육각형으로 만들면

공기가 육각형의 공간으로 드나들면서 이런 현상을 방지할 수 있다.

육각형 하면 한때 열풍이 불었던 육각수가 떠오른다. 육각수는 물의 화학적 구조 중 고리 구조가 육각형인 물을 가리킨다. 우리 몸은 60~80퍼센트가 물로 이루어져 있는데 그중 약 62퍼센트가 육각수 구조이고 24퍼센트가 오각수, 14퍼센트가 사각수로 되어 있다. 이는 인체가 육각수를 선호해서 나타난 결과다. 그래서 한때 육각수가 성인병 치료에 효과가 있다는 주장도 있었으나 과학적으로 밝혀진 바가 없어 사이비 과학이라는 주장도 있다.

눈의 결정은 대부분 눈핵이라고 하는 아주 작은 입자를 핵으로 하여 만들어진다. 눈핵은 온도가 어는점 이하인 구름에 있다. 눈 결정은 수증기가 눈핵 위에 직접 붙어 쌓이거나 눈핵이 작고 찬 물방울을 얼려서 만들어지기도 한다. 이런 눈 결정은 기온과 습도에 따라 판형과 기둥형으로 자라는데, 판형 눈 결정이 바로 육각형으로 보인다. 얼음도 물의 분자 구조 때문에 육각형 모양으로 어는데, 사각형으로 연결되어 있을 때보다 부피가 커지므로 얼음의 부피가 물의 부피보다 크다.

주상절리는 용암이 식으면서 기둥 모양으로 굳어서 생긴 지형이다. 현무암질 용암류는 빠르게 식으면 부피 변화를 크게

육각형 눈 결정

제주도의 주상절리. 육각 기둥 모양을 볼 수 있다.

일으키면서 수축하는데, 이때 최소 변의 길이와 최대 넓이를 가지는 '육각기둥' 모양으로 굳는 경향을 보인다. 비눗방울도 7개를 떨어뜨리면 신기하게도 육각형을 이룬다. 먼저 한 개를 떨어뜨린 후 둘레에 여섯 개를 떨어뜨리면 각자 동그랗던 비눗방울이 달라붙어 육각형 모양이 된다.

꿀벌은 가성비가 가장 좋은 건축 구조물 형태인 육각형 구조를 본능적으로 만들었을까? 벌의 언어를 모르는 우리로서는 진실을 알 길이 없다. 하지만 인간은 육각형 모양이 최소한의 재료로 최대 공간을 확보할 수 있는 경제적 구조라는 사실을 알아내 생활에 유용한 여러 장치에 육각형 구조를 도입했다. 지금까지 알아본 생활 속 육각형 구조 외에 또 어디에 육각형 구조가 적용되었는지 주변을 자세히 살펴보자. 전혀 생각지도 못한 곳에서 육각형을 발견할지 모른다.

참고 자료

『생태수학』(한상직 지음, 교육공동체벗) / 『학습용어 개념사전』(이영규 외 지음, 아울북) / 『101가지 초등수학 질문사전』(김남준 외 지음, 북멘토) / 육각수는 답을 알고 있다(김형자 글, 《KISTI의 과학향기 칼럼》, 2011.05.30) / 육각형의 신비(EBS 동영상, 2006.07.01) /벌집이 육각형인 이유(유튜브, 은근한 잡다한 지식) / 「육각형의 엄청난 비밀」(《YTN 사이언스》, 2020.09.25) / 눈, 위키백과 / 주상절리, 위키백과

로켓 의자를 타고 우주로 간 전근대인

인류는 아주 오래전부터 우주여행을 꿈꾸어왔다. 하지만 우주여행이 본격화된 시기는 20세기다. 우주여행은 동물들이 먼저 시작했다. 최초로 우주로 간 생명체는 1947년 날아간 노랑초파리고, 그 뒤를 이어 1949년에 원숭이, 1950년에 쥐, 1951년에 개, 1961년에 침팬지, 1963년에 고양이, 1968년 거북이 등 동물의 우주여행은 지금까지 계속되고 있다. 유인 우주선을 보내기 전 생존 가능성을 알아보기 위해 동물들을 보냈던 것이다.

그러다가 1960년대 이후 인류의 우주비행이 시작되었

우주여행은 인류의 오랜 꿈이다.

다. 1961년 4월 소련의 유리 가가린(Yurii Alekseevich Gagarin, 1934~1968)이 세계 최초로 유인 우주선을 타고 1시간 30여 분 동안 지구 상공을 도는 우주비행에 성공했다. 1969년에는 미국의 닐 암스트롱(Neil Alden Armstrong, 1930~2012)이 아폴로 11호를 타고 달을 탐사하고 돌아왔다. 이후 화성 및 태양 밖으로까지 여행하고자 하는 인류의 꿈은 계속되고 있다.

그런데 이미 500여 년 전에 우주여행을 떠난 '인류 최초의 우주비행사'가 있었다. 이런 일이 정말 있을 수 있는 일일까? 인류 최초의 우주비행사가 누구인지 500여 년 전으로 가보자.

2019년은 인류가 달에 첫 발을 내딛은지 50년이 되는 해이다. 이 해에 세계에서 가장 많은 우주 발사체를 쏘아 올린 나라는 중국으로 34차례나 로켓을 쏘아 올렸다. 또한 2021년에는 중국의 탐사 로봇 주룽이 화성에 착륙해 붉은 암석과 토양이 보이는 광활한 화성의 모습을 찍어 지구로 전송했다. 중국의 우주개발은 1970년 고비사막에서 위성을 발사한 것을 시작으로, 2003년에는 중국의 첫 우주인 량리위를 우주로 보냈다가 무사히 귀환시켰다. 그 후에도 중국은 우주개발에 국가적 지원을 아끼지 않았다. 2023년 말에는 독자적인 우주정거장 건설, 2029년에는 목성 탐사를 목표로 하고 있다.

중국의 이런 행보는 아주 오랜 과거에서도 찾아볼 수 있다. 첫 우주인인 소련의 유리 가가린보다 먼저 우주비행을 하려던 남자가 있었다. 그는 1500년경 명나라의 지방 관리 완후(万户, Wan Hu)였다. 완후는 아무도 가지 않았던 곳에 가겠다는 꿈을 꾸고 있었다. 그는 별을 바라보다가 망상에 사로잡혀 직접 우주에 가겠다는 무모한 계획을 세웠다. 그리고 자신이 타고 갈 발사체를 제작하기 시작했다.

완후는 정말 로켓을 만들었을까? 명나라는 화약 무기를 본격적으로 사용한 최초의 국가였다. 당시 출간된 군사서적 『화용경』에도 다단계 부스터 방식의 전쟁용 로켓이 등장할 정도였다.

완후는 화약의 폭발력으로 중력을 벗어나 저 너머에 있는

비행하는 완후의 상상도

표적으로 날아가는 발사체를 보고, 그것이 자신을 별로 데려다줄 운송수단이라 여겼다. 그래서 그는 로켓을 설계했고, 방향을 조절할 수 있는 연(鳶) 두 개와 함께 우주 밖으로 자신을 밀어낼 거대한 화약 로켓 47개를 철제 의자에 달았다. 발사 당일, 완후는 로켓의자에 앉은 후 하인들로 하여금 로켓의 도화선에 횃불로 불을 붙이고 재빨리 도망가도록 했다. 그러자 굉음과 함께 폭발이 일어났다. 연기가 걷힌 후 완후와 그의 로켓의자는 온데간데없이 사라졌다. 폭발과 함께 그가 그토록 가고 싶어 하던 우주로 갔는지는 모르지만, 완후는 영영 하늘로 사라져버렸다.

프랑스의 소설가 쥘 베른(Jules Verne, 1828~1905)이 1865년에 발표한 『지구에서 달까지』라는 책이 있다. 쥘 베른은 우리에게 잘 알려진 『해저 2만 리』 『80일간의 세계 일주』 등을 썼다. 『지구에서 달까지』를 보면, 엄청나게 커다란 대포로 사람 세 명과 개 한 마리를 실은 우주선을 달까지 쏘아올린다는 이야기가 등장한다. 이를 통해 19세기에도 우주선을 만들어 우주를 향해 갈 수 있다는 꿈을 꾸었음을 알 수 있다. 그만큼 많은 사람이 우주로 가고자 하는 꿈이 있었기에 완후라는 인물이 전해졌고, 쥘 베른의 소설도 나올 수 있지 않았을까.

이러한 꿈과 상상이 있었기에 유리 가가린 역시 지구의 중력을 뛰어넘어 인류 최초의 우주인이 될 수 있었고, 아폴로 11호가 달에 갈 수 있었다.

여기서 한 가지 짚고 넘어가야 할 것이 있다. 우주비행을 꿈꾼 최초의 인물로 알려진 완후가 가공의 인물일 수도 있다는 점이다. 완후는 명나라 관리라고 했지만, 중국 사료에서 관련 기록을 찾을 수 없다. 또 완후가 처음 알려진 것은 1944년 미국의 과학 저술가 윌리 레이(Willy Ley, 1906~1969)가 쓴 『Rockets: The Future of Travel to the Stratosphere』에서다.

이런 사실들로 볼 때 완후는 1900년대 초반에 만들어진 가공의 인물일 수 있다. 그런데도 완후 이야기는 세계적으로 유명하다. 나사에서는 1970년, 달의 분화구 중 하나를 '완후(Wan-Hoo)'라고 명명해 우주여행을 꿈꾼 그를 기렸다.

중국인인데 정작 중국에서는 모르는 인물이 미국에서는 최초의 우주인으로 칭송받고 있다. 전설적인 인물로 보려고 해도 뭔가 사리에 맞지 않는다. 그러나 그의 존재 자체는 중요해 보이지 않는다. 중요한 것은 오래전부터 우주를 향한 인류의 꿈이 있었고, 그것을 조금씩 실현해가고 있다는 사실이다.

참고 자료

「CNN, China's Ming Dynasty astronaut」(《Joe Havely》, 2003.10.15) / 「달 착륙 오십 년, 우주 기술의 현재」(강양구 글, 《신동아》 2018년 11월호) / 「완후-16세기 중국의 우주비행사」(《중앙일보》, 2003.10.02) / 「우주 가고 싶다며 의자에 화약 불붙인 남자」(《중앙일보 네이버포스트》, 2019.08.01) / 완후, 나무위키

경마광들의 내기에서 시작된 영화

영화는 우리가 사는 세상에서 가장 영향력이 큰 대중매체라고 할 수 있다. 전 세계에서 하루에도 수백만 명이 영화를 본다. 하지만 예전과 달리 지금은 영화를 반드시 영화관에서 보지는 않는다. 인터넷, 스마트폰 등 다양한 스크린을 이용해 언제 어디서나 볼 정도로 영화는 이제 취미가 아니라 삶의 일부가 되었다. 그런데 이 영화가 경마광들의 내기로 시작되었다면 믿을 수 있을까? 영화가 만들어진 영화 같은 이야기 속으로 들어가 보자.

1872년 무렵 사람들 사이에 논쟁이 벌어졌다. 달리는 말의 발굽이 모두 땅에서 떨어질 때가 있는지에 대한 논쟁이었다. 말의 걸음걸이는 속도에 따라 크게 평보, 속보, 구보, 습보 네 가지로 나뉜다. 천천히 4박자로 걸어가면 평보, 평보보다 빠르게 2박자 정도로 걸어가면 속보, 다그닥다그닥 뛰어가면 구보, 전속력으로 달리면 습보라고 한다.

사람의 눈으로 확인해본 결과 평보에서는 발굽이 모두 땅에서 떨어지지 않았는데, 빠르게 걷거나 달릴 때에는 사람 눈으로 구별이 안 될 만큼 빠르고 미묘했으므로 판단이 서지 않았다. 말이 뛰는 순간을 사진으로 찍으려고도 했지만 당시 기술로는 어려웠다.

경마 이야기만 나오면 신이 나서 식사마저 거를 정도로 경마광이었던 릴랜드 스탠퍼드(Amasa Leland Stanford, 1824~1893, 스탠퍼드대학교를 설립한 인물)는 달리는 말의 발굽이 네 개 모두 땅에서 떨어지는지 아니면 항상 한두 개 발굽은 땅에 닿아 있는지를 놓고 친구와 논쟁을 벌이곤 했다.

스탠퍼드는 한두 개 발굽은 항상 땅에 닿아 있다고 주장했고, 친구는 네 개 모두 땅에서 떨어질 때가 있다고 주장했다. 스탠퍼드는 자기 주장을 증명하려고 영국 출신 사진사 에드워드 머이브리지(Eadweard Muybridge, 1830~1904)를 고용해 실험을 진행했다. 뛰어난 사진 기술로 풍경과 건축물을 담아내 명

에드워드 머이브리지와 그가 찍은 달리는 말 사진

성을 얻은 머이브리지는 1878년 6월 15일 캘리포니아주 팔로 알토에 있는 스탠퍼드의 개인 경마장에서 스탠퍼드의 경주마 옥시던트를 달리게 하고 사진을 찍었다. 하지만 사진기 셔터 속도의 한계로 판독에는 실패하고 만다.

머이브리지는 스탠퍼드의 지원을 받아 이후 새로운 촬영법을 개발했다. 달리는 말의 사진을 연속적으로 촬영하기 위해 트랙 옆에 카메라 12대를 약 30센티미터 간격으로 설치했다. 그래서 말이 달려오면 카메라 셔터가 저절로 열리면서 순차적으로 촬영하도록 한 것이다. 그날 머이브리지가 찍은 사진은 공교롭게도 스탠퍼드에게 불리한 장면을 그대로 담고 말았다. 셔터 속도를 1000분의 2초로 개량해 달리는 말의 사진을 12컷으로 정확하게 찍었는데, 말의 발이 모두 떨어지는 순간이 있었던 것이다. 이로써 말이 달릴 때 네 발 모두 땅에서 떨어지냐의 문제는 해결되었다.

머이브리지가 이날 찍은 사진은 사람들의 관심을 끌며 세계적으로 유명해졌고, 과학 학술지 《사이언티픽 아메리칸》에 판화로 실려 학술적으로도 인정받았다. 1879년 머이브리지는 사진을 연속으로 이어서 보여주는 '주프락시스코프(Zoopraxiscope)'를 개발했다. 이는 둥글고 납작한 유리판의 가장자리에 연속 촬영된 사진들을 붙인 뒤 회전시키면 실제 움직이는 것처럼 보여주는 장치였다. 이것은 영사기의 원형이라 할 만한 발명품으로 기술적 영화의 시작으로 볼 수 있다.

이후 조지 이스트먼(George Eastman, 1854~1932)이 롤 형태의 필름을 개발하고 사진용품 회사 이스트먼 코닥을 설립하면서 동영상 기술은 더욱 발전을 이룬다. 주프락시스코프 방식이 몇 초 동안의 움직임만 보여주었다면 롤 형태의 이스트먼 방식은 몇십 분짜리 영상을 촬영하고 재생할 수 있었다.

전구 발명으로 유명한 에디슨(Thomas Edison, 1847~1931)은 1891년 윌리엄 딕슨(William Kennedy Dickson, 1860~1935)과 함

오귀스트 뤼미에르(좌)와 루이 뤼미에르(우)

뤼미에르 형제의 〈열차의 도착〉의 한 장면

께 '키네토스코프(Kinetoscope)'라는 동영상용 기계를 발명한 뒤 태양광으로 영화를 촬영하는 스튜디오를 개설했다. 에디슨은 1894년 뉴욕 브로드웨이에서 최초로 극장 문을 열었지만, 키네토스코프는 기계 한 대당 한 명밖에 볼 수 없어 인기를 끌지 못했다. 키네스코프는 영화를 보려면 기계에 눈을 대고 봐야 하는 동영상기였기 때문이다.

1895년 들어 독일, 영국, 프랑스 등 유럽 곳곳에서 스크린 위에 상영되는 최초의 영화가 등장했다. 그리고 마침내 뤼미에르 형제(Auguste and Louis Lumière)가 현대적 개념의 상업영화를 만들었다. 그들은 '시네마토그래프(Cinematograph)'를 발명해 1895년 12월 28일 프랑스 파리 그랑카페의 지하 인디언살롱에서 단편 모음 영화를 10편 정도 상영했다. 돈을 받고 상영한 이때의 영화는 1분짜리로 사진을 이어붙인 정도였다. 그런데도 많은 사람의 호응을 얻었다.

이때 기차가 달려드는 화면에 관객들이 놀라 영화관을 뛰쳐나왔다는 소문이 퍼지면서 뤼미에르 형제는 대중적 인기를 얻었다. 이후 영화가 전 세계로 퍼져나갔다.

영화 장르는 발전을 거듭해 오늘날에는 거대한 산업을 이루고 있다. 앞으로 영화는 더 다양한 방식으로 관객과 소통할 텐데 3D에서 4D를 넘어 어디까지 발전해 우리에게 색다른 즐거움을 줄지 지켜보는 일도 영화를 보는 것만큼이나 즐거운 여정이 될 것이다.

참고 자료

『영화의 이해』(민경원 지음, 커뮤니케이션북스) / 「경마광의 호기심이 탄생시킨 영화」(《사이언스타임즈》, 2016.02.22) / 「경마 애호가들의 논쟁이 영화를 만들었다?」(《한겨레》, 2013.04.03) / 「'뤼미에르 형제'에 대해 알지 못한 두세 가지 것들」(이지현 글, 대한민국 정책브리핑 2020.06.05) / 「영화의 진정한 시작은 언제인가?」(《온돌뉴스》, 2017.11.09)

별똥별은 과연 별일까?

아직 알려지지 않은 우주의 신비는 우리를 꿈을 꾸게 한다. 깜깜한 밤 잔디밭에 누워 하늘에서 쏟아지는 별똥별을 바라보는 일은 상상만 해도 즐겁다. 그런데 별똥별은 왜 지구로 떨어지며 그 정체는 무엇일까? 별똥별이 떨어질 때 소원을 빌면 정말 소원이 이루어질까? 이 모든 궁금증을 하나하나 풀어보자.

맑은 밤하늘을 보면 갑자기 하늘을 가르며 땅으로 떨어지는 별똥별을 볼 수 있다. 별똥별은 이름처럼 별의 똥에서 나온 게 아니다. 혜성이나 소행성에서 떨어져 나온 티끌이나 태양계 공간을 떠돌던 우주 먼지 등이 지구 중력에 붙잡혀 대기권으로 들어오면서 공기와 부딪혀 불타는 것이다. 별똥별은 하루에 약 2억 개가 떨어지는데 전체 질량만 10톤에 이른다. 맑은날 밤하늘을 바라보고 있으면 별똥별을 1시간에 5~10개 볼 수 있으나 이는 계절이나 시각에 따라 다르다.

별똥별이 그렇게 많이 떨어지는데 왜 쉽게 눈에 보이지 않을까? 별똥별은 낮에는 태양의 밝은 빛 때문에 볼 수 없고 대부분 늦은 밤이나 새벽 시간에나 볼 수 있다. 또 총알보다 빠르게 움직여서 눈으로 볼 수 있는 시간은 길어야 2초에서 3초이고 대부분 1초 사이에 순식간에 떨어진다.

별똥별이 자정 너머 많이 떨어지는 까닭은 지구가 태양 주변을 도는 속도(공전 속도)와 관련이 있다. 자정 이전에는 우주 먼지나 암석이 지구보다 더 빨리 움직여야 지구를 따라잡아서 지구에 떨어질 수 있다. 하지만 자정 이후인 새벽에는 우주 먼지나 암석이 지구가 공전하는 길목에 있기만 해도 지구에 빨려 들어가 별똥별이 될 수 있다. 그래서 새벽에 별똥별이 많이 떨어지는 것이다.

별똥별의 정체가 별이 아니라 우주 먼지라 해도 여전히 별똥별을 신비롭게 보는 사람들이 많다. 떨어지는 별똥별을 보며 소원을 비는 것은 우리나라만이 아니다. 독일에서는 천사가 하늘의 초를 닦을 때 땅으로 떨어진 양초의 심지가 별똥별이라고 믿는다. 일본에서는 별똥별이 사라지기 전에 소원을 세 번 말해야 소원이 이뤄진다고 믿는다. 칠레에서는 소원을 빌면서 바닥의 돌을 주워야 소원이 이뤄진다고 하며, 필리핀에서는 별똥별이 사라지기 전에 리본 매듭까지 지어야 소원이 이뤄진다고 한다. 하지만 별똥별이 떨어지는 1초도 안 되는 짧은 순간에 이런 일이 가능할까? 별똥별에 소원을 빌고 그 소원이 이뤄지게 하려면 별똥별이 무더기로 떨어지는 날을 기다려야 한다.

별똥별이 비처럼 쏟아지는 시기가 있다. 혜성이나 소행성들이 타원궤도를 그리며 지나간 자리에는 이 천체들에서 나온 먼지가 많다. 이런 우주 먼지는 둥둥 떠 있다가 공전하는 지구의 중력에 이끌려 대기권으로 들어와 불타면서 별똥별이 되어 쏟아진다. 이렇게 별똥별이 한꺼번에 쏟아지는 현상을 유성우(流星雨)라고 한다. 마치 비처럼 내린다고 해서 붙여졌다. 유성우 이름 앞에 황소자리, 오리온자리처럼 별자리 이름이 붙기도 하는데, 이는 지구에서 밤하늘을 보았을 때 별똥별이 어떤 별자리를 중심점으로 해서 떨어지는지를 나타낸다.

해마다 지구는 혜성이나 소행성들이 남기고 간 거대한 우주 먼지 지역을 통과할 때가 있다. 이때 지구에서 보면 마치 그 우

2010년 유럽 남방 천문대 부근에서 찍힌 페르세우스자리 유성우

주 먼지(유성우)가 특정한 방향을 중심으로 쏟아지는 것처럼 보이는데, 유성우의 시작 점을 복사점이라고 한다. 그래서 황소자리 유성우와 같은 이름은 별똥별이 쏟아지는 복사점이 황소자리임을 알려주면서 지금 지구가 어느 방향에 있는 우주 먼지를 향해 돌진하는지를 알려준다.

유성우는 해마다 서너 차례 내리는데, 8월에 오는 페르세우스 유성우는 보통 시간당 80여 개 이상, 많게는 100개가 넘는 별똥별이 떨어진다. 따라서 주변이 깜깜한 곳에서 밤하늘을 올려다보면 어렵지 않게 머리 위를 지나가는 밝은 별똥별의 흔적을 볼 수 있다. 해마다 12월에 찾아오는 쌍둥이자리 유성우도 많게는 시간당 100개에 가까운 별똥별이 떨어진다. 이때 별똥별 가운데 지구의 땅으로 떨어진 것을 운석이라고 한다. 작은 별똥별은 대기를 지나며 모두 타서 없어지는데 좀 더 큰 별똥별은 땅에 떨어져 거대한 운석 구덩이를 만든다.

별똥별이 별이 아니라 우주를 떠돌던 티끌이나 먼지 등이 지구의 공기와 부딪쳐 불타는 것이라고 해도 우리는 깜깜한 밤하늘에서 쏟아지는 별똥별을 보면 신기하고 아름다운 모습에 감탄하게 된다. 여름에는 페르세우스자리, 가을에는 오리온자리, 겨울에는 쌍둥이자리 유성우를 보면서 과학적 사실은 잠깐 접어두고 소원을 빌어보면 어떨까.

참고 자료

『재미있는 별자리와 우주 이야기』(이충환, 신창복 지음, 가나출판사) / 『사소한 것들의 과학』(마크 미오도닉 지음, MID) / 『과학선생님도 궁금한 101가지 과학질문사전』(의정부과학교사모임 지음, 북멘토) / 「별별 이야기」(《YTN사이언스》, 2019) / 엘지 사이언스 랜드-호기심 해결사 / 유성, 위키백과

한옥 처마 각도의 비밀

한국의 미라고 하면 많은 사람이 우아한 곡선미를 떠올릴 만큼 우리는 한복이나 도자기, 한옥 등에서 쉽게 곡선미를 찾아볼 수 있다. 특히 한옥의 처마는 우리 전통 건축물의 대표적인 멋으로 꼽힌다. 처마는 집의 바깥쪽 기둥을 연결한 선에서 지붕 끝까지 서까래 아래 공간을 말하는데, 한옥을 한옥답게 하는 이 처마에 곡선미 말고도 엄청난 비밀이 숨겨져 있다.

건물 지붕에 처마를 두는 목적이 있다. 바깥벽 밖으로 서까래를 불거져 나오게 해서 바깥벽이 비를 맞지 않게 하고 직사광선이 건물 안으로 들어오지 않게 그늘을 만들어주려는 것이

경기도 수원시에 위치한 조선시대 정자 항미정. 홑처마의 모습을 볼 수 있다.

다. 우리의 한옥뿐만 아니라 나무와 흙을 사용하는 건축에서 처마는 꼭 있어야 하는 존재다. 다만 처마의 구성과 깊이, 선형과 조형미에 차이가 있을 뿐이다.

한국 건축에서 처마는 홑처마와 겹처마 두 종류가 있다. 홑처마는 서까래로만 이루어진 처마를 가리킨다. 겹처마는 서까래 끝에 부연이라고 하는 네모지고 짧은 서까래를 한 단 더 덧붙인 것을 말한다. 서까래 끝에 부연을 덧달면 처마를 더 많이 뺄 수 있다.

이렇게 처마를 많이 뺄수록 바깥벽을 보호하고 그늘을 만드는 데는 유리하다. 반면에 서까래가 처마가 빠져나온 길이보다 더 많이 안쪽으로 물려 있어야 처마가 처지지 않고 안전하다. 또 처마를 만드는 긴서까래의 길이에도 한계가 있어 무한히 뺄 수도 없다. 이를 약간 보완하는 것이 부연을 단 겹처마다. 홑처마는 대개 초가나 기와집 중에서도 규모가 작은 부속 건물에 사용하며, 겹처마는 일반적으로 주건물에 적용했다. 경복궁, 창경궁 등의 주요 건물과 해인사 무량수전 등 사찰의 주요 건물이 대부분 겹처마로 만들어졌다. 겹처마에는 미학적 측면도 있는데, 홑처마보다 장식성이 강하고 권위가 있으며 화려해 보일 뿐 아니라 지붕도 위풍당당한 느낌을 준다.

그럼 우리 한옥의 처마에는 어떤 특징과 비밀이 있을까? 우리나라는 사계절의 변화가 비교적 뚜렷하며, 여름에 뜨는 태양과 겨울에 뜨는 태양의 남중고도가 다르다. 24절기에 해당하는 하지와 동지로 설명하면, 하지(6월 21일경) 때 태양의 남중고도는 약 77도로 거의 머리 바로 위에서 내리쬐듯 햇빛이 강해져 날이 뜨겁고 낮이 길다. 반면 동지(12월 22일경) 때 태양의 남중고도는 약 30도로 햇빛을 비스듬하게 받아 날이 춥고 낮이 짧다. 한옥의 처마는 이런 계절적 특성을 반영한 장치로 채광이나 냉난방을 염두에 둔 것으로 본다.

하지만 하지와 동지 때 태양의 고도가 40도 정도 차이 나는

데 처마 하나로 이런 문제를 해결할 수 있었을까? 한옥 처마의 끝 선과 기둥의 끝부분을 연결하면 기둥과 각도가 30도 정도 된다. 그래서 한여름에는 햇빛이 처마의 돌출 각도 덕에 마루까지 들어오지 않아 더위를 막을 수 있고, 한겨울에는 마루 끝까지 햇빛을 받을 수 있어 집 안에 긴 시간 온기가 들어온다. 한옥의 처마가 여름에는 빛을 차단하고 겨울에는 많은 빛을 들여 따듯하게 하는 두 가지 기능을 동시에 하는 햇빛 자동 조절 장치였던 셈이다.

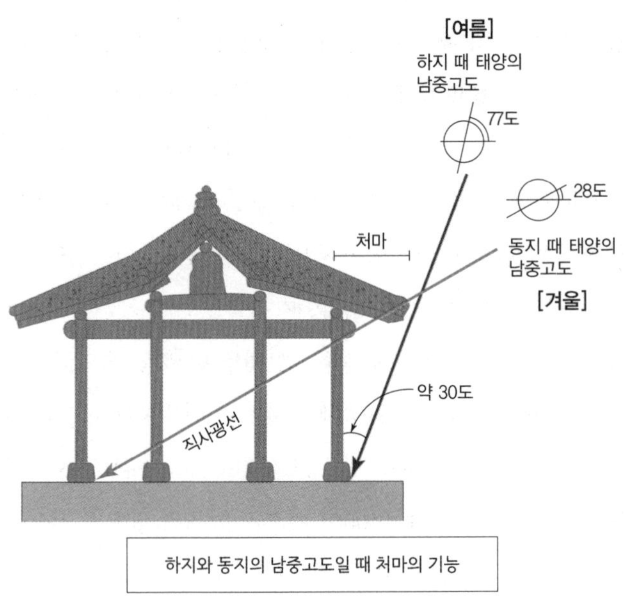

하지와 동지의 남중고도일 때 처마의 기능

처마의 이런 특징은 우리 조상이 채광과 냉난방을 초롱불과 온돌로만 해결했던 전통 가옥의 한계를 보완하려고 한 것이다. 또 처마 외에 한옥에 달린 창의 크기나 방의 깊이, 창호지의 명암 등을 조절하여 햇빛을 최대한 활용하려고 했다. 이는 자연에 순응하되 자연이 주는 혜택을 최대한 이용하려고 했던 우리 조상의 지혜를 엿볼 수 있는 부분이다.

한옥 처마의 곡선은 그 집이 잘 지어졌는지 못 지어졌는지 판단하는 기준이 되기도 했다. 처마의 곡선을 잡는 것을 '매기(집을 지을 때 서까래 끝을 가지런히 맞추는 일)' 잡는다고 표현할 만큼 처마가 집의 맵시를 좌지우지한다고 여겼다. 그만큼 처마를 올리는 기술이 중요하다는 뜻이다. 이렇게 처마가 중요한 구실을 했지만 서까래에서 천천히 올라가는 곡선을 구현하기는 쉽지 않아서 도편수라는 기술 책임자들만이 처마 곡선을 제대로 나타낼 수 있었다.

그럼 우리나라 한옥과 형태가 비슷한 일본이나 중국의 전통 가옥도 처마를 한옥과 비슷하게 설계했을까? 일본의 전통 가옥은 지붕이 낮고 길게 내려와서 내부가 어둡다. 중국의 전통 가옥은 처마가 한국의 처마에 비해 짧은데도 내부가 비교적 어둡다. 한옥은 중국 가옥보다 처마가 길지만 창호와 서까래, 방바닥이 내뿜는 반사광 덕분에 내부가 훨씬 밝다.

이런 지붕의 과학적·기능적·시각적 특징은 일본이나 중국에서는 찾아보기 어려운 우리나라만의 특징으로 우리 전통 과학의 우수성을 보여주는 좋은 예라 할 수 있다.

처마는 햇볕의 양을 조절해 여름은 시원하게, 겨울은 따뜻하게 해준다. 처마 아래 공간은 용도가 다양해서 살림살이를 보관하거나 기둥에 못을 박고 먹거리를 걸어 말리기도 한다. 처마가 있어서 집 안팎을 느긋하게 드나들 수 있으니 마음에도 여유가 생긴다. 또한 갑자기 비가 내리면 처마 아래에서 잠시 비를 피하기도 했으니 자연과 더불어 살며 최대한 자연을 이용하려고 했던 조상들의 지혜를 한옥의 처마에서 엿볼 수 있다.

참고 자료

『알기 쉬운 한국건축 용어사전』(김왕직 지음, 동녘) / 처마, 한국민속대백과사전 / 시대를 초월하는 한옥의 아름다움을 전합니다, 네이버캐스트 / 「한옥을 한옥답게 하는 처마」(황의수 글, 《월간 문화재사랑》, 2010.07.09) / 『고택 속 숨은 이야기와 전통과학』(한국과학창의재단 지음, 동아사이언스) / 「햇빛 자동 조절 장치! 한옥의 처마」(EBS 동영상, 2008.05.01)

경복궁 바닥이 울퉁불퉁한 이유

우리나라 고유의 건축 미학은 뭐니 뭐니 해도 자연과 어우러지는 것이다. 한국 사람이라면 한 번쯤 가보았을 경복궁은 자연이 내려준 정원이라고 할 북악산, 인왕산과 자연스럽게 어울려 있다. 경복궁에는 궁의 중심이 되는 정전이며 조선 왕실을 상징하는 건축물인 근정전이 있다. 근정전의 멋스러움에 감탄하며 사진도 찍고 내부를 들여다보기도 하지만 근정전 바닥을 유심히 보지는 않는다. 그런데 이 근정전 바닥에 놓인 넓적하고 얇은 돌에 조상의 지혜가 숨겨져 있다.

근정전은 1395년(태조 4) 경복궁을 창건할 때 지어졌지만 임진왜란 때 불탔고, 지금 우리가 볼 수 있는 근정전은 1867년(고종 4) 11월 흥선대원군이 다시 지은 건물이다. 조정이라고 불린 근정전은 조선 왕조의 상징적 건물로 역대 국왕의 즉위식이나 대례 등이 이곳에서 열렸다. 또 외국 사신을 맞이하거나 불꽃놀이를 했다는 기록도 있다. 이 근정전의 바닥에 깔린 거친 박석은 크기가 일정하지 않고 높낮이도 다 다른데, 바로 여기에 조상의 지혜가 숨어 있다.

근정전에서는 행사가 주로 대낮 날씨 좋은 시간대에 열렸는데, 이때 울퉁불퉁한 바닥돌이 행사 진행에 큰 도움이 되었다. 표면이 매끈한 돌은 보기에는 깔끔하지만 햇빛을 반사하므로 눈부심 효과가 커서 눈이 쉬이 피로해질 수 있다. 반면에 표면이 울퉁불퉁한 돌은 빛의 반사 현상이 여러 방향으로 일어나 눈의 피로를 줄일 수 있다.

또 하나 조상의 숨은 지혜는 비와 관련이 있다. 비 오는 날 매끈한 바닥을 디뎠다가 미끄덩거려 놀란 적이 있을 것이다. 그런데 근정전 바닥에 깔린 돌은 표면이 거칠다보니 비가 왔을 때 가죽신을 신은 관리들이 미끄러질 염려 없이 마당을 다닐 수 있었다. 게다가 근정전은 비가 오면 자연 배수가 된다. 비 오는 날 근정전 마당 박석 위로 쏟아진 비는 일제히 북쪽에서 남쪽으로 흘러 양 끝의 수구로 빠지게 되어 있다. 바닥 돌

경복궁 근정전. 울퉁불퉁한 박석이 깔려 있는 것을 볼 수 있다.

복원 과정에서 매끈한 돌을 사용한 창덕궁 인정전의 박석

들의 높이가 달라서 빗물이 자연스럽게 북쪽에서 남쪽으로 흐르는 것이다.

우리가 무심코 근정전 마당에 들어섰을 때는 지면의 경사를 전혀 느낄 수 없는데 동서 줄행랑의 기단을 살펴보면 확실히 차이가 있다. 이렇듯 박석의 자연스러운 형태와 여러 기능은 자연과 조화를 추구한 조선의 건축에 잘 어울렸다.

그렇다면 다른 궁들은 바닥에 박석을 깔지 않았을까? 창덕궁, 창경궁, 덕수궁에도 경복궁과 마찬가지로 바닥에 울퉁불퉁한 박석이 깔려 있었다. 그러나 세 곳 모두 일제강점기에 바닥 돌을 들어내고 잔디를 심었다. 해방된 뒤 이를 복원하면서 기계로 다듬은 돌을 깔았다. 그래서 조선시대의 바닥 돌 원형을 그대로 간직한 곳은 경복궁 근정전 한 곳뿐이다.

그럼 조선시대 궁궐 공사 때 사용한 석재는 어디서 가져왔을까? 돌이 무거우니 아무래도 가까운 곳에서 돌을 구하려고 했을 것이다. 그래서 다양한 용도의 석재는 서울과 가까운 곳에서 얻었지만 바닥에 깔리는 박석은 강화 석모도와 해주에서 채석한 것만 썼다. 특히 강화 석모도 박석은 갈라진 틈이 고르고 반듯해서 많이 사용했다. 1647년(인조 25) 창덕궁 공사에 사용한 박석은 모두 강화도에서 채석했고, 18세기 궁궐 공사 때는 창의문 밖이나 남산 아래 인근에서 채석했다. 1906년 경운궁 중건을 비롯해 대한제국 시절 진행된 궁궐 공사에도 석모도에서 채석한 박석을 사용했다.

이렇듯 품질이 뛰어난 강화도 박석을 어떻게 서울까지 가져왔을까? 박석은 강화도 서쪽에 있는 석모도에서 물길을 이용해 한강 유역이나 한반도 중앙부까지 운반할 수 있었다. 그래서 박석을 용산에 내린 뒤 수레에 싣고 도성의 공사장까지 가져왔다.

겨울에는 얼음 위에서 썰매로 운송했고, 육지에서는 마차나 소달구지를 이용했는데, 무게가 많이 나가는 석재는 높은 마차에 싣기 어려웠으므로 바퀴가 낮은 수레에 실었다. 육로 운송에서는 먼저 도로를 점검해 울퉁불퉁하거나 높이가 있는 부분을 보수한 다음 운송했다. 이렇게 가져온 석재들을 필요한 곳에 배치한 뒤 다듬어서 공사를 마쳤다.

근정전 마당에는 근정문 방향으로 좌우에 정1품에서 종9품까지 품계석이 세워져 있다. 즉위식 같은 행사가 있을 때면 신하들은 이 품계석 뒤에 자리를 잡고 섰다. 경복궁에 가면 근정전 마당 박석 위에 무심히 서 있는 품계석 뒤에 서보자. 비가 올 때 근정전에 간다면 기울어진 박석을 따라 물이 빠지는 모습도 지켜보자. 자연과 조화하고자 한 조선의 건축 양식을 엿볼 수 있을 것이다.

참고 자료

『나의 문화유산답사기 6』(유홍준 지음, 창비) / 「울퉁불퉁 거친 돌을 근정전 마당에 깔아놓은 뜻은」(《중앙일보》, 2020.03.15) / 「궁궐 조정에 깔린 석모도 박석 이야기」(《인천문화통신》 3.0, 2019.03.13) / 「근정전 박석의 비밀」(《문화유산채널》, 한국문화재재단) / 근정전, 두산백과

이미지 출처

19쪽 © Gilmanshin/Shutterstock.com | 28쪽 © Monica Martinez Do-Allo/Shutterstock.com | 31쪽 © MarclSchauer/Shutterstock.com | 38쪽 © Benoist/Shutterstock.com | 44쪽 © Chepko Danil Vitalevich/Shutterstock.com | 45쪽 © pattyphotoart/Shutterstock.com | 50쪽 © MBL ifestyle/Shutterstock.com | 56쪽 © Yuganov Konstantin/Shutterstock.com | 75쪽 오른쪽 © Wright Out There/Shutterstock.com | 81쪽 © Frank Fichtmueller/Shutterstock.com | 82쪽 © Andre Marais/Shutterstock.com | 87쪽 © Berezoraya Nonna/Shutterstock.com | 88쪽 © Cavan-Images/Shutterstock.com | 91쪽 © Gellia/Shutterstock.com | 94쪽 © GIANNI NITTI/Shutterstock.com | 98쪽 © Ramil dolphin/Shutterstock.com | 99쪽 © Anna Hoychuk/Shutterstock.com | 106쪽 왼쪽 © Tracy Starr/Shutterstock.com | 106쪽 오른쪽 © Praisaeng/Shutterstock.com | 108쪽 © ANATOL/Shutterstock.com | 110쪽 왼쪽 © fenkieandreas /Shutterstock.com | 110쪽 오른쪽 © Brandon Alms/Shutterstock.com | 114쪽 왼쪽 © Orhan Cam/Shutterstock.com | 114쪽 오른쪽 © Zdenka Darula/Shutterstock.com | 119쪽 © Surachai Pung/Shutterstock.com | 127쪽 © Franck Boston/Shutterstock.com | 156쪽 © Rawpixel.com/Shutterstock.com | 173쪽 © New Africa/Shutterstock.com | 175쪽 © Sergio Bertino/Shutterstock.com | 179쪽 © gontabunta/Shutterstock.com | 193쪽 © Olga Dubravina/Shutterstock.com | 201쪽 © magnusdeep below/Shutterstock.com | 223쪽 © Mikhail Markovskiy/Shutterstock.com | 228쪽 © Andrey_ Popov/Shutterstock.com | 233쪽 © Gaf_Lila/Shutterstock.com | 259쪽 © hxdyl/Shutterstock.com | 264쪽 © Gorodenkoff/Shutterstock.com | 270쪽 © kakteen/Shutterstock.com | 276쪽 © Everett Collection/Shutterstock.com

EBS 알똑비 시리즈 02

알아두면 똑똑해지는
과학 속 비하인드 스토리

1판 1쇄 발행 2021년 8월 20일

지은이 EBS 오디오 콘텐츠팀

펴낸이 김명중 | **콘텐츠기획센터장** 류재호 | **북&렉처프로젝트팀장** 유규오
책임매니저 최재진 | **북팀** 박혜숙, 여운성, 장효순, 최재진 | **마케팅** 김효정, 최은영

책임편집 노느매기 | **디자인** 서채홍 | **인쇄** 재능인쇄

펴낸곳 한국교육방송공사(EBS)
출판신고 2001년 1월 8일 제2017-000193호
주소 경기도 고양시 일산동구 한류월드로 281
대표전화 1588-1580 **홈페이지** www.ebs.co.kr
이메일 ebsbooks@ebs.co.kr

ISBN 978-89-547-5932-8 04300
978-89-547-5930-4 (세트)